梁宵（一桐）Aision

易配者软装学院

易配者壁纸窗帘课程研发专家

壁纸窗帘行业高精搭配设计师

壁纸窗帘室内情感设计实战讲师

从事软装行业 8 年资深搭配设计师

EM 室内设计公司联合创始人

《设计师成名接单术》出版合伙人

室内软装设计搭配 FM 分享主播

北京第三空间设计公司特聘设计顾问、讲师

法兰克福上市公司艾仕集团北京区软装设计主管

壁纸软装
搭配营销教程

WALLPAPER

中国林业出版社

图书在版编目（ＣＩＰ）数据

壁纸软装搭配营销教程 / 梁宵主编 . -- 北京 : 中国林业出版社 , 2017.12

ISBN 978-7-5038-9411-4

Ⅰ . ①壁… Ⅱ . ①梁… Ⅲ . ①墙壁纸－营销－教材 Ⅳ . ① F765

中国版本图书馆 CIP 数据核字 (2018) 第 008285 号

中国林业出版社
责任编辑：李 顺 薛瑞琦
出版咨询： （010）83143569

出　　版：中国林业出版社（100009 北京西城区德内大街刘海胡同 7 号）
网　　站：http://lycb.forestry.gov.cn/
印　　刷：深圳市汇亿丰印刷科技有限公司
发　　行：中国林业出版社
电　　话：（010）83143500
版　　次：2018 年 4 月第 1 版
印　　次：2018 年 4 月第 1 次
开　　本：889mm×1194mm 1 ／ 32
印　　张：20
字　　数：400 千字
定　　价：328.00 元

序

尊敬的读者，亲爱的壁纸界同仁：

每当听到关于壁纸发展的事件，我都非常高兴。这本《壁纸软装搭配营销教程》在软装市场行业以单独的软装元素壁纸为基础做深入探讨，为每一个关心壁纸发展的人整理和探究一些壁纸的专业资讯。

壁纸源于中国，仰仗古老渊源的深厚积淀，中国壁纸业的发展将在未来居住者对精神追求和自我实现中铸就辉煌。壁纸行业的迅猛发展，对每一位壁纸行业从业者来说，都必然带来巨大的信心和希望。本书以壁纸基础知识为前提，为广大读者搜集和整理了一整套壁纸相关的各种专业知识，从而使壁纸设计师和搭配设计师了解如何用壁纸更好的装饰室内居室，更好的展现居住者的个性喜好和居室风格。

作为 95 年进入中国市场的德国艾仕壁纸欧洲时尚国际品牌的领导者，我希望本书能够给中国壁纸业内人士、设计师、搭配师、壁纸营销人员以及室内装饰爱好者提供专业的壁纸知识和流行趋势。

壁纸的变化反应了时代的变迁，壁纸就是时尚！我希望阅读和使用本书的人们都能够从壁纸装饰中找到无限乐趣，更好的享受美丽的人生。

愿各位同仁、朋友与我们德国艾仕壁纸万众一心，创造中国壁纸业的光荣。

上海艾仕国际贸易有限公司

董红强 总经理

2017 年 10 月

目录
CONTENTS

第三章 壁纸风格

第四章 壁纸基础

壁纸 & 色彩

COLOUR

第一节 色彩的基本概念

一、色彩的形成

　　色彩是一门语言，是视觉语言中重要的一环。我们用这一语言去表达、表现、说明，它是室内设计中最重要的环节，色彩认知作为我们学习壁纸的基础，那么必须先了解色彩是怎么形成的，壁纸属于印刷色彩表达，那么我们看到的色彩是如何形成的呢？

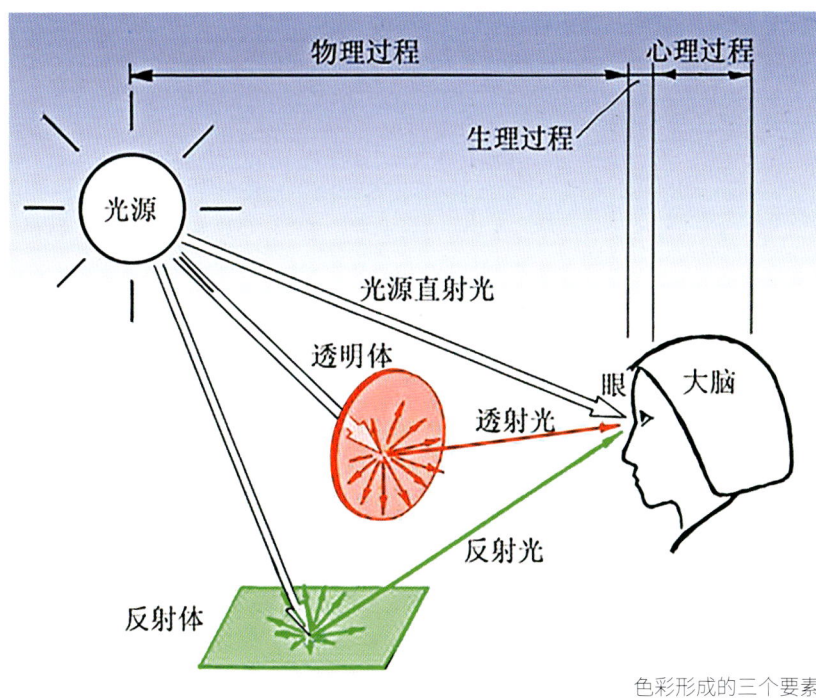

光源——自然光　　　　　光源——室内光

物体（壁纸等）

色彩形成的三个要素

人眼——综合影响认知

　　看到色彩的形成关系，我们知道，色彩的形成必须的三个要素：光源、物体、人眼。

　　然而，人们对于色彩的研究已经有几个世纪时间之久，色彩依然充满着无尽的神秘需要我们探知。

　　在此，我们需要思考：

　　1. 光源：我们看到的壁纸色彩是在什么样条件的光线下形成的，自然光线和室内灯光光线（不同光源照度、色温、高度

的光线又将如何）对于壁纸的影响有多大。

　　2. 物体：我们看到的壁纸、壁布等物品，受其材质、色彩、工艺的影响，在不同光环境下看到的时候，是否会因为环境光源的变化而产生新的色彩感觉。

　　3. 人眼：人们看壁纸的时候，情绪是什么样的，不同的生活经历和生活状态是否会影响不同的色彩情感认知，从而令每个人看到同样的色彩时候感受是不一样的。

太阳

电　磁　波

不可见光线	可见光线	不可见光线

γ射线	X射线	紫外线	紫蓝青绿黄橙红	近红外线	中间红外线	远红外线	微波	工业电波

0.2　　0.4　　0.75　　4　　1000

单位：微米（μm）

生命光线

81　　4

可见光光谱线

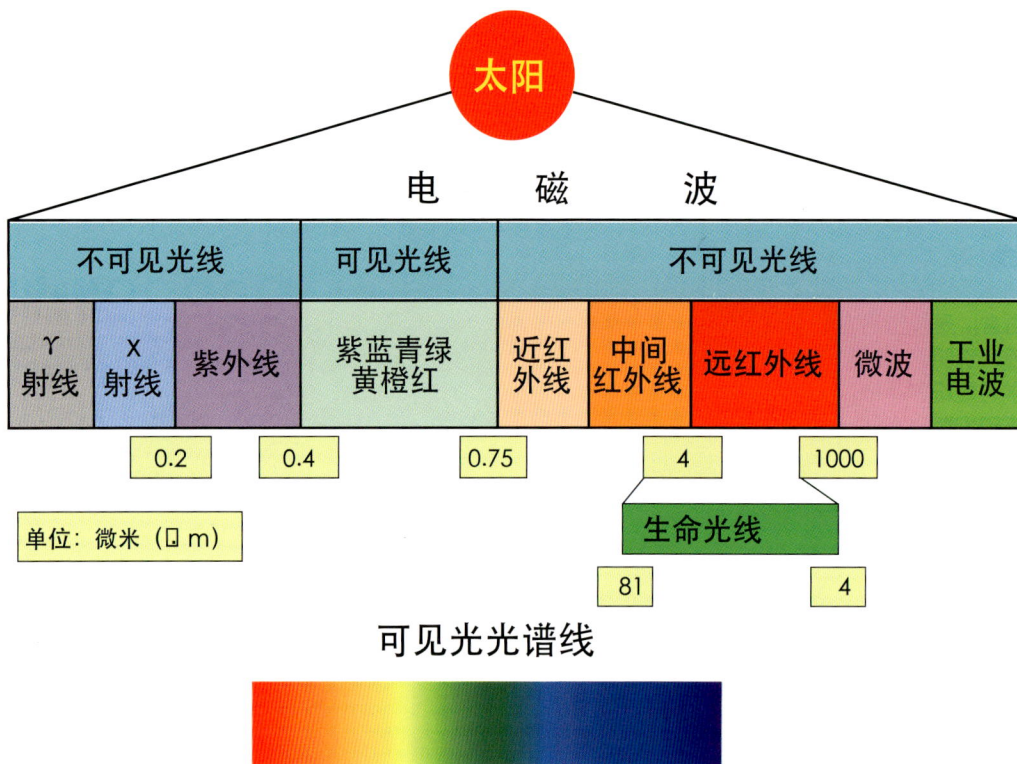

我们感受到的白色光，实际上是由七种色光混合而成的，当白光通过三棱镜时，各种色光由于波长的不同，有着不同的折射率。其中，红色波长最长，折射率最小；而紫色波长最短，折射率最大。不同的色相表明了不同的电磁辐射工作范围，不同的电磁辐射的范围有不同的宽窄。在电磁辐射中只有波长为 380~780nm 之间的电磁辐射能够被我们视觉感受到，这就是可见光的范围，只占光谱中很小的一部分。我们看到的红（700~610nm），橙（610~590nm），黄（590~570nm），绿（570~500nm），蓝（500~450nm），紫（450~380nm），等色光都属于这一范围。

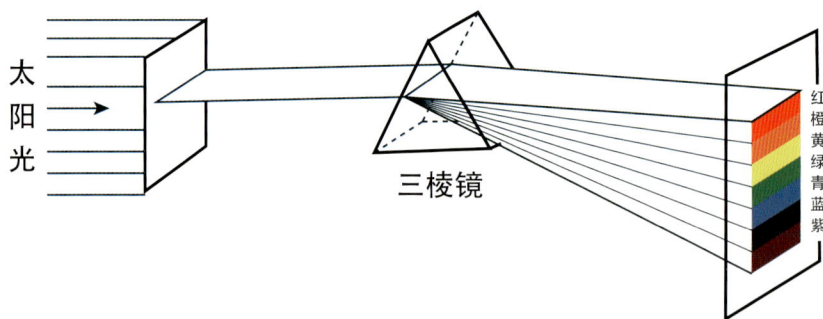

太阳光

三棱镜

红橙黄绿青蓝紫

二、色彩的属性

色相、明度、纯度（也称彩度、艳度、饱和度）被称为色彩的三个基本属性。

色相表示色彩的相貌：红、橙、黄、绿、蓝、紫。

明度表示色彩的明亮程度、深浅程度。

纯度表示色带的鲜艳程度。

我们看到的任何色彩，首先认识到的就是色相，其次是明度和纯度。

理解了这三个基本的色彩属性，我们就可以更好地做壁纸的搭配工作了。

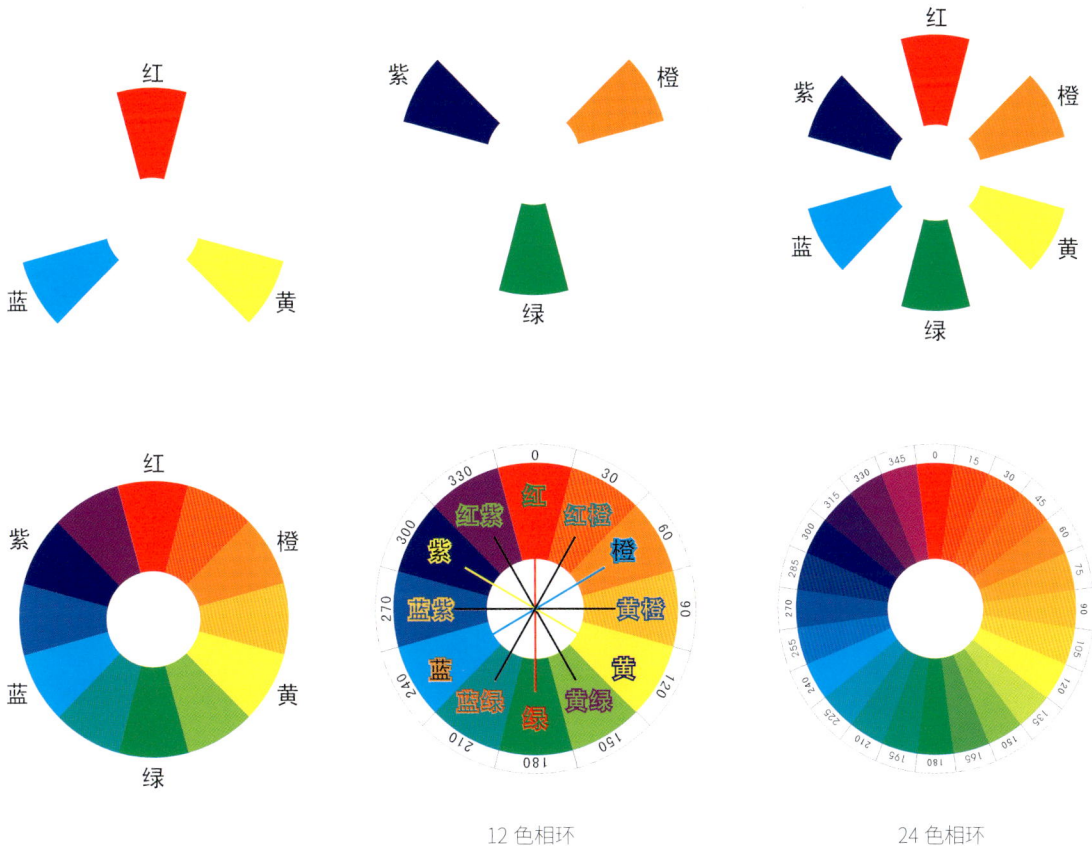

12 色相环

24 色相环

色彩三原色（所有颜色的父母）：红、黄、蓝。在色彩中，只有三原色这三个颜色不是其他颜色混合而成的。三原色在色相环中的位置是平均分布的。

二次色（三原色等量调配）：橙、绿、紫。利用三原色等量调配出来新的三个颜色，称为间色或者二次色。三次色（二次色和三原色相混合）：复色。复色总的特点是种类多，纯度低，色相不明显。所有的复色都有三原色的成分，只不过是各自含量的多少占比。

在壁纸的色彩学习中，复色将作为我们的色彩重点学习对象。

● （一）色相

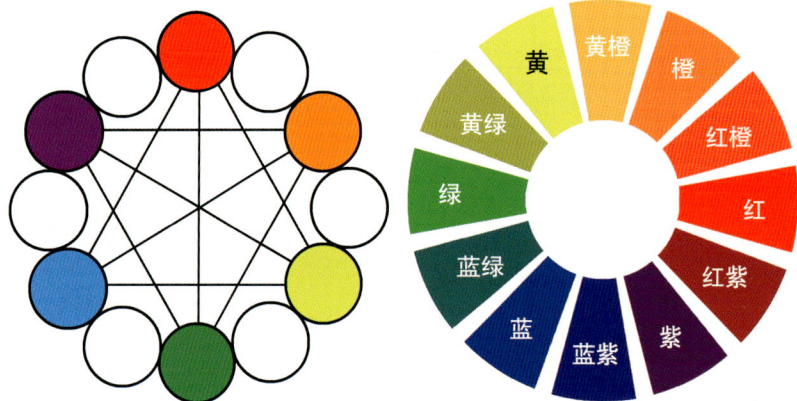

我们在色相环的认识和学习中，必须准确的判断色彩的色相属性。

在壁纸中，我们有素色和花色的搭配，俗称"AB面"设计搭配，我们先从素色纸来学习下色彩。

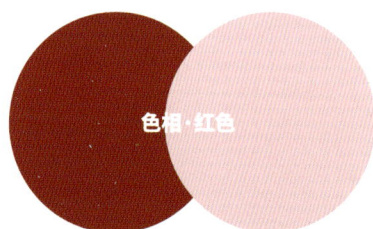

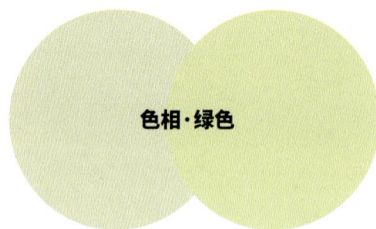

色相·红色

色相·黄色

色相·蓝色

色相·绿色

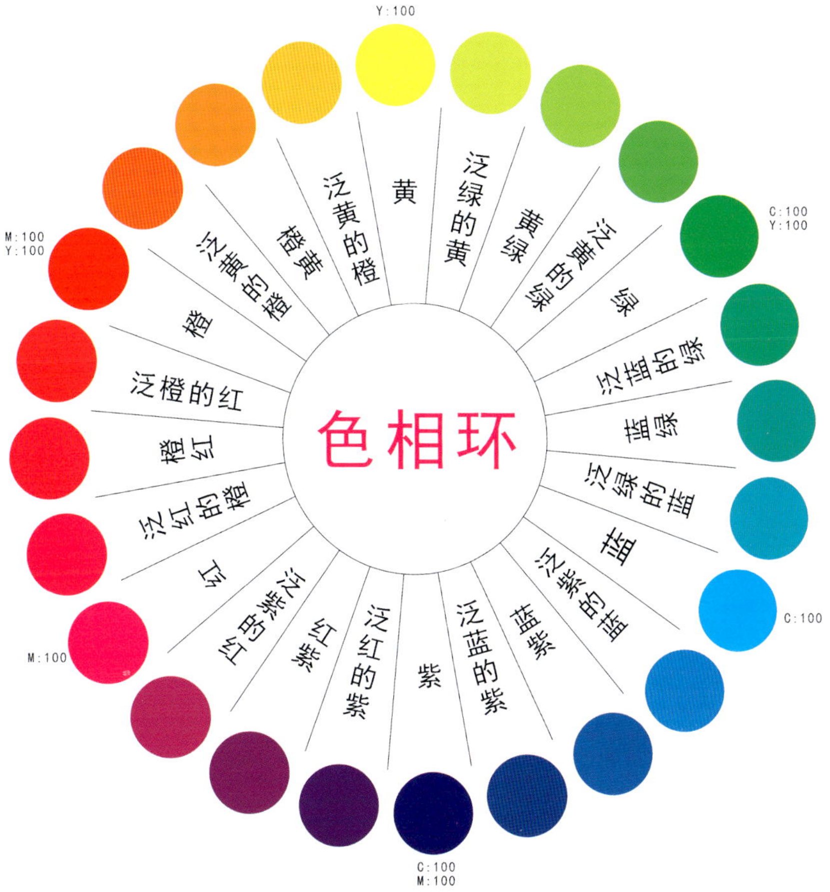

色相环

黄
泛绿的黄
黄绿
泛黄的绿
绿
泛蓝的绿
蓝绿
泛绿的蓝
蓝
泛紫的蓝
蓝紫
泛蓝的紫
紫
泛红的紫
紫红
泛紫的红
红紫
红
泛橙的红
橙红
泛红的橙
橙
泛黄的橙
橙黄
沉黄的橙

Y:100
C:100 Y:100
C:100
C:100 M:100
M:100
M:100 Y:100

我们在平时对于壁纸色彩描述的练习中，注意色彩的表述和表达。

比如：无边无际的蓝色，像是广袤无垠的天空——天空蓝

无穷无尽的蓝色，像是广博浩瀚的大海——深海蓝

安静沉寂的蓝色，给人庄重沉稳的感觉——藏蓝

宁静浪漫的蓝色，给人温柔甜美的感觉——Tiffany 蓝、婴儿蓝

注意分析色彩混合的比例关系和主要色相的确定。首先，我们要确定的色彩中，定位是什么色相。

徘徊在沉静与优雅之间的蓝
Hovering between calm and elegant blue

free.

● （二）明度

白	灰度	中度	深灰	黑
最高明度	高明度	中明度	低明度	最低明度

明度，色彩的明暗程度，表示色所具有的亮度和暗度。

各种有色物体由于反射光线的强弱变化而产生不同的明暗强弱。

任何色彩都存在明暗变化，不同的色彩具有不同的明度。

在色彩中，明度最高的是黄色，明度最低的是紫色。红、橙、蓝、绿的明度相近，为中间明度。

色彩的明度分为：

1. 相同色相的不同明度
2. 不同色相的不同明度

相同色相的不同明度

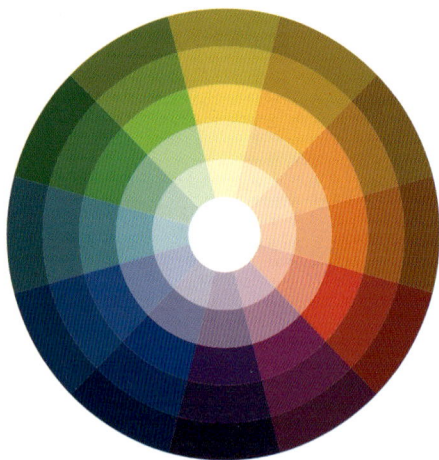

不同色相的不同明度

● （三）纯度

最高明度	高明度	中明度	低明度	最低明度
最高纯度	高纯度	中纯度	低纯度	最高纯度

　　纯度，色彩的鲜艳程度。又叫彩度、艳度、饱和度。

　　饱和度越高，色彩就越纯越艳；饱和度越低，色彩就越混浊，纯度越低。

　　相同色相，不同明度的色彩，纯度不同。

　　在色彩中，红、橙、黄、蓝、绿、紫等基本色相的纯度最高，而黑、白、灰的纯度几乎为0。

　　给基本色相，混入白色，则明度提高，纯度降低。

　　给基本色相，混入黑色，则明度降低，纯度降低。

　　给基本色相，混入明度相同的中性灰时，纯度降低，明度不改变。

　　一个色彩的纯度高，并不代表其明度也高。色相的纯度和明度并不成正比。

低纯度

高纯度

● （四）色调

色调由冷——变暖

　　色调在室内搭配中是指空间色彩的总体倾向，是大的色彩效果。在自然光下，室内灯光下，特定灯光下，室内环境光下，都会有不同的色调感受。

　　在大自然中，我们经常见到这样一种现象：不同颜色的物体或被笼罩在一片金色的阳光之中；或被笼罩在一片轻纱薄雾似的、淡蓝色的月色之中；或被秋天迷人的金黄色所笼罩；或被统一在冬季银白色的世界之中。这种在不同颜色的物体上，笼罩着某一种色彩，使不同颜色的物体都带有同一色彩倾向，这样的色彩现象就是色调。

　　如果我们想使我们的设计能够充满生气、稳健、冷清或者温暖、寒冷等感觉，除了材质、造型的应用之外，更多的是由整体色调决定的。那么我们怎么能够控制好整体色调呢？

　　只有控制好构成整体色调的色相、明度、纯度关系和面积关系等，才可以控制好我们设计的整体色调。首先要在配色中心决定占大面积的色，并根据这一色来选择不同的配色方案，会得到不同的整体色调，从中选择出我们想要的。如果我们用暖色系列来做我们的整体色调则会呈现出温暖的感觉，反之亦然。如果用暖色和纯度高的色作为整体色调则给人以火热刺激的感觉，以冷色和纯度低的色为主色调则让人感到清冷、平静的感觉。以明度高的色为主则亮丽，而且变得轻快，以明度低的色为主则显得比较庄重、肃穆。取对比的色相和明度则活泼，取类似、同一色系则感到稳健。色相数多则会华丽，少则淡雅、清新。以上几点整体色调的选择要根据我们所要表达的内容来决定。

　　色调在冷暖方面分为暖色调与冷色调：红色、橙色、黄色——为暖色调，象征着：太阳、火焰。蓝色——为冷色调，象征着：森林、大海、蓝天。黑色、紫色、绿色、白色——为中间色调；暖色调的亮度越高，其整体感觉越偏暖，冷色调的亮度越高，其整体感觉越偏冷。冷暖色调也只是相对而言，譬如说，红色系当中，大红与玫红在一起的时候，大红就是暖色，而玫红就被看作是冷色。又如，玫红与紫罗蓝同时出现时，玫红就是暖色。

　　色彩既是客观世界的反映，又是主观世界的感受。某种色调一些人会捧为至尊宝典，另一些人可能则视为垃圾，这完全属于"萝卜青菜，各有所爱"的问题，但也反映了色彩既是客观存在又是主观感受这个事实。

● （五）色阶

　　色阶是表示图像亮度强弱的指数标准，也就是我们说的色彩指数，在数字图像处理教程中，指的是灰度分辨率（又称为灰度级分辨率或者幅度分辨率）。图像的色彩丰满度和精细度是由色阶决定的。色阶指亮度，和颜色无关，但最亮的只有白色，最不亮的只有黑色。

　　色阶只与明度有关，与色彩饱和度无关。

-8	-7	-6	-5	-4	-3	-2	-1	0	+1	+2	+3
SJ1	SJ2	SJ5	SJ11	SJ21	SJ40	SJ65	SJ111	SJ148	SJ205	SJ248	SJ255

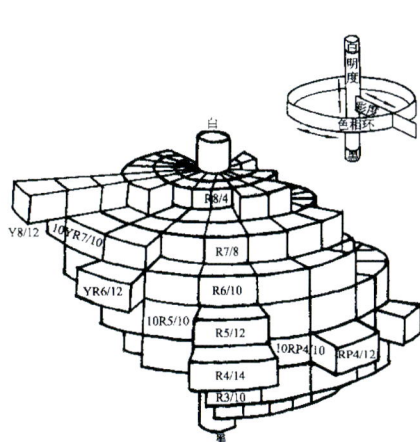

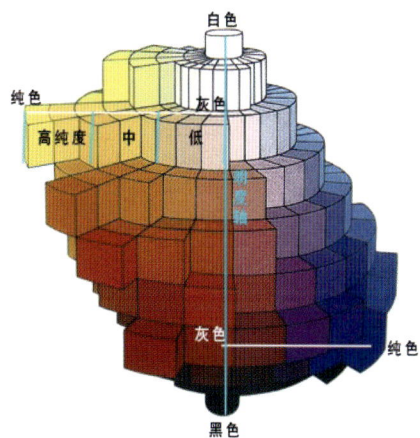

蒙赛尔色彩立体蒙赛尔（AlbertH.Munsell1858-1918）美国色彩学家。他的这一体系经过美国国家标准局和光学学会的反复修订，成了色彩界公认的标准色系之一

● （六）类似色

120度
对比色

90度
中差色

60度
邻近色

30度
类似色

24 色色相环

基色

180度
互补色

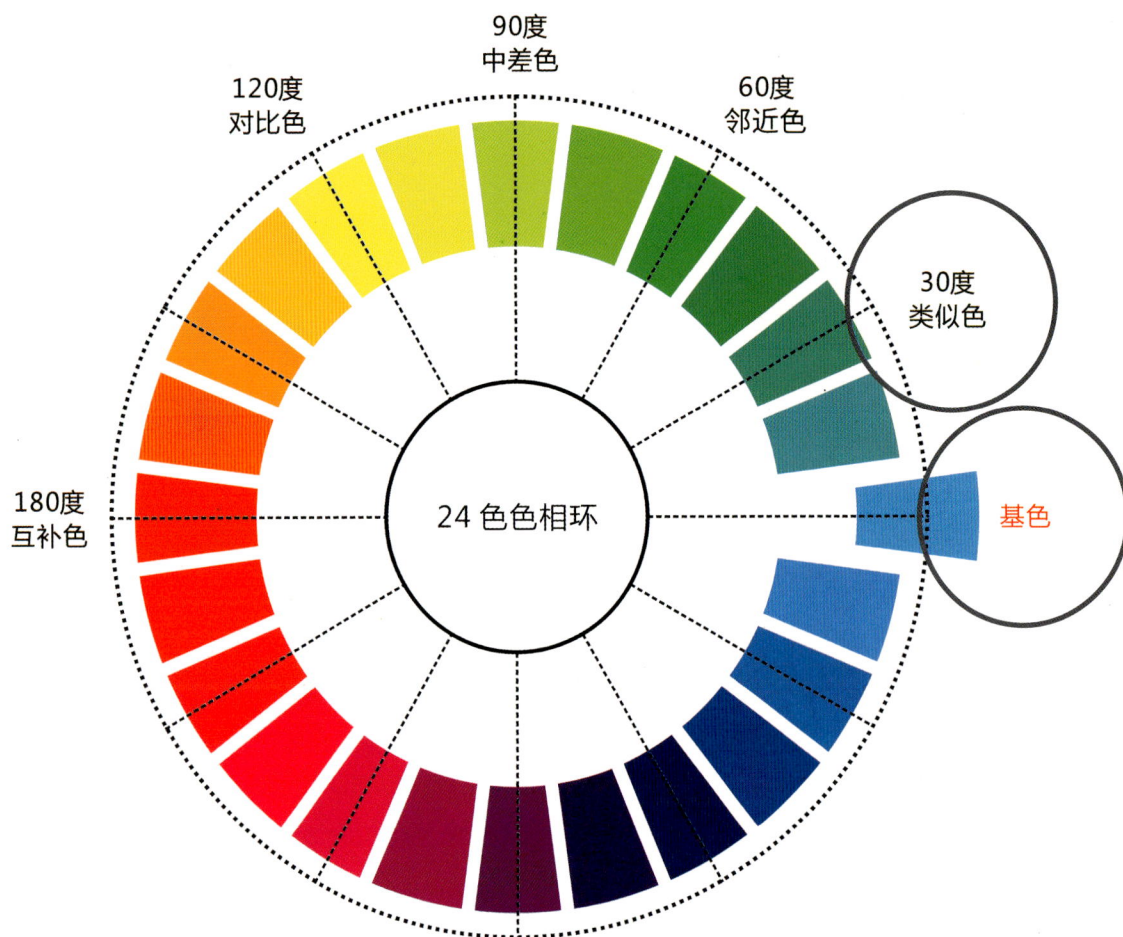

说到"类似色"，我们先想一下什么是"同类色"
"同类色"是指色相性质相同，但色度有深浅之分。(是色相环中15°夹角内的颜色)
"类似色"是指色相似。在色轮上30度角内相邻接的色称为类似色，例如红—红橙—橙、黄—黄绿—绿、青—青紫—紫等均为类似色。类似色由于色相对比不强，各色之间含有共同色素，故称"类似色"。

● （七）邻近色

90度
中差色

120度
对比色

60度
邻近色

30度
类似色

180度
互补色

24 色色相环

基色

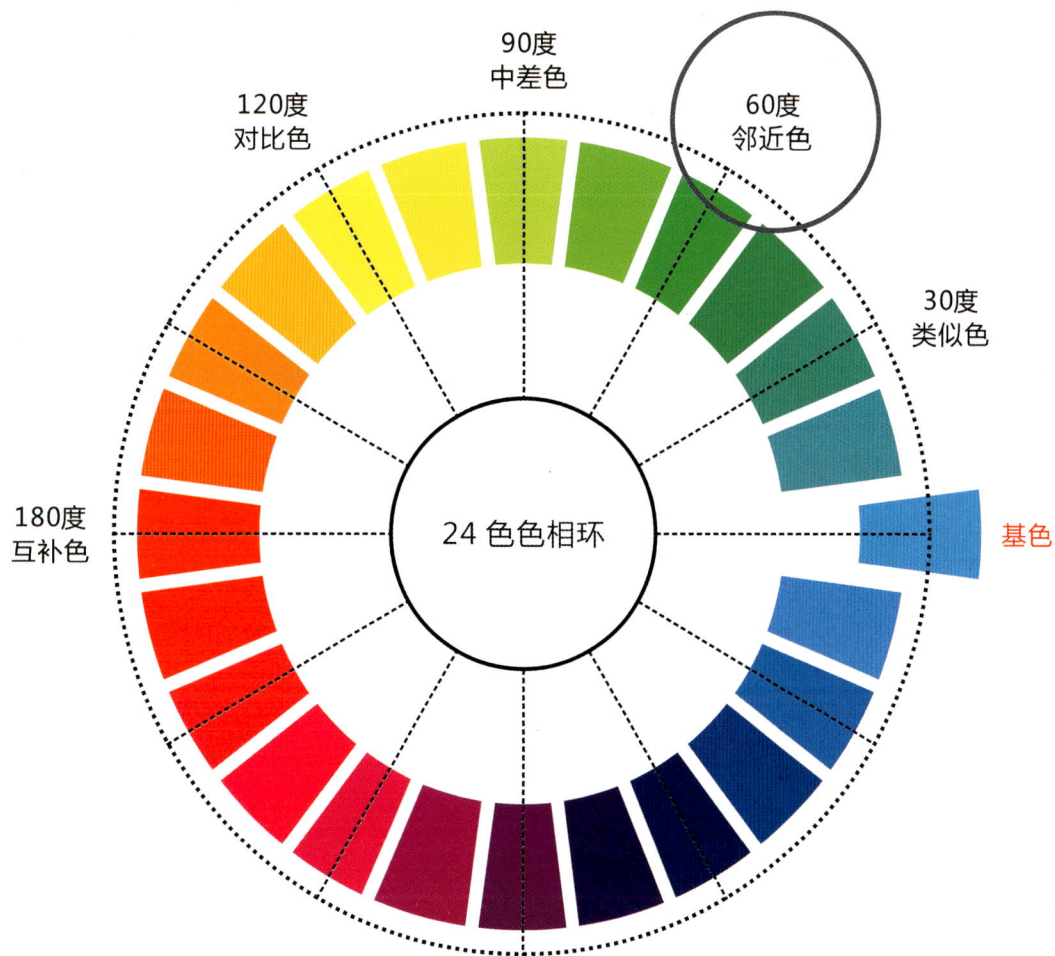

"邻近色"色相彼此近似，冷暖性质一致，色调统一和谐、感情特性一致。
从同类色、类似色、邻近色的含义来看，都是含有共同色素。采用此类色
彩配合给人以统一而调和的感觉。

● （八）中差色

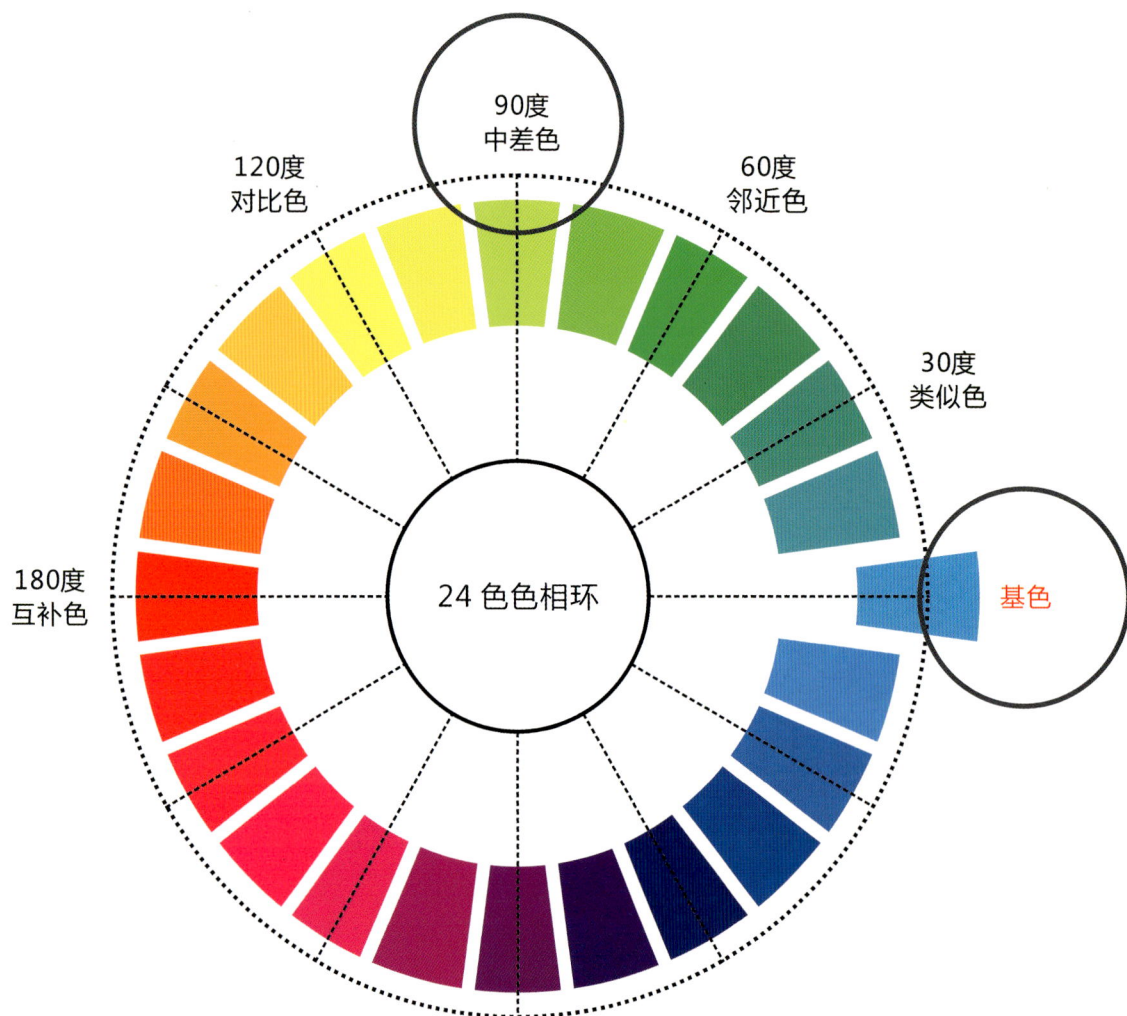

色相环中 90 度的配色，在视觉上是有很大的配色张力效果，是非常个性化的配色方式。在 24 色相上作任选一色，与此色相邻之色为邻色；与此色相间隔 2 ～ 3 色为类似色；与此色相间隔 4 ～ 7 色为中差色。它的色彩的对比效果比较明快，是深受人们喜爱的配色。

（九）对比色

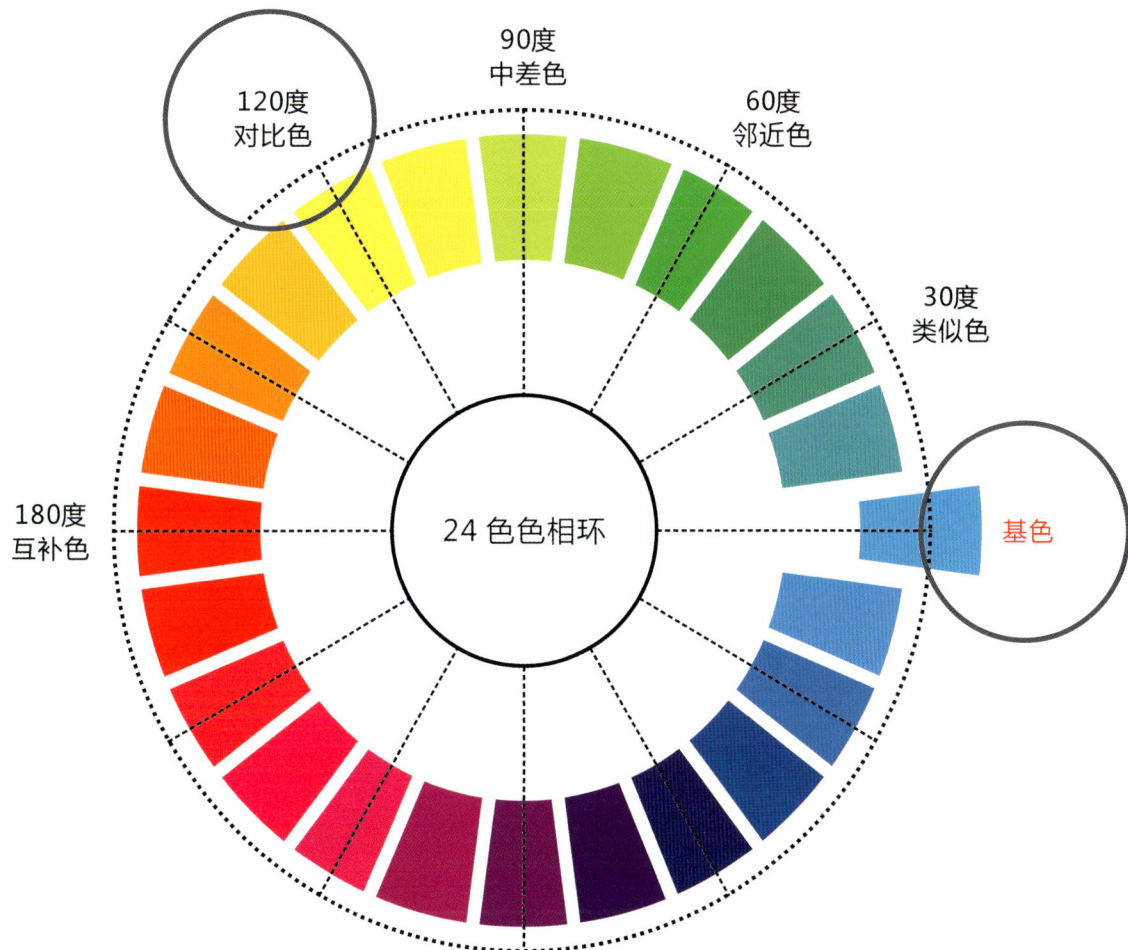

120度
对比色

90度
中差色

60度
邻近色

30度
类似色

基色

180度
互补色

24 色色相环

对比色是人的视觉感官所产生的一种生理现象，是视网膜对色彩的平衡作用。指在 24 色相环上相距 120 度到 180 度之间的两种颜色，称为对比色。

● （十）互补色

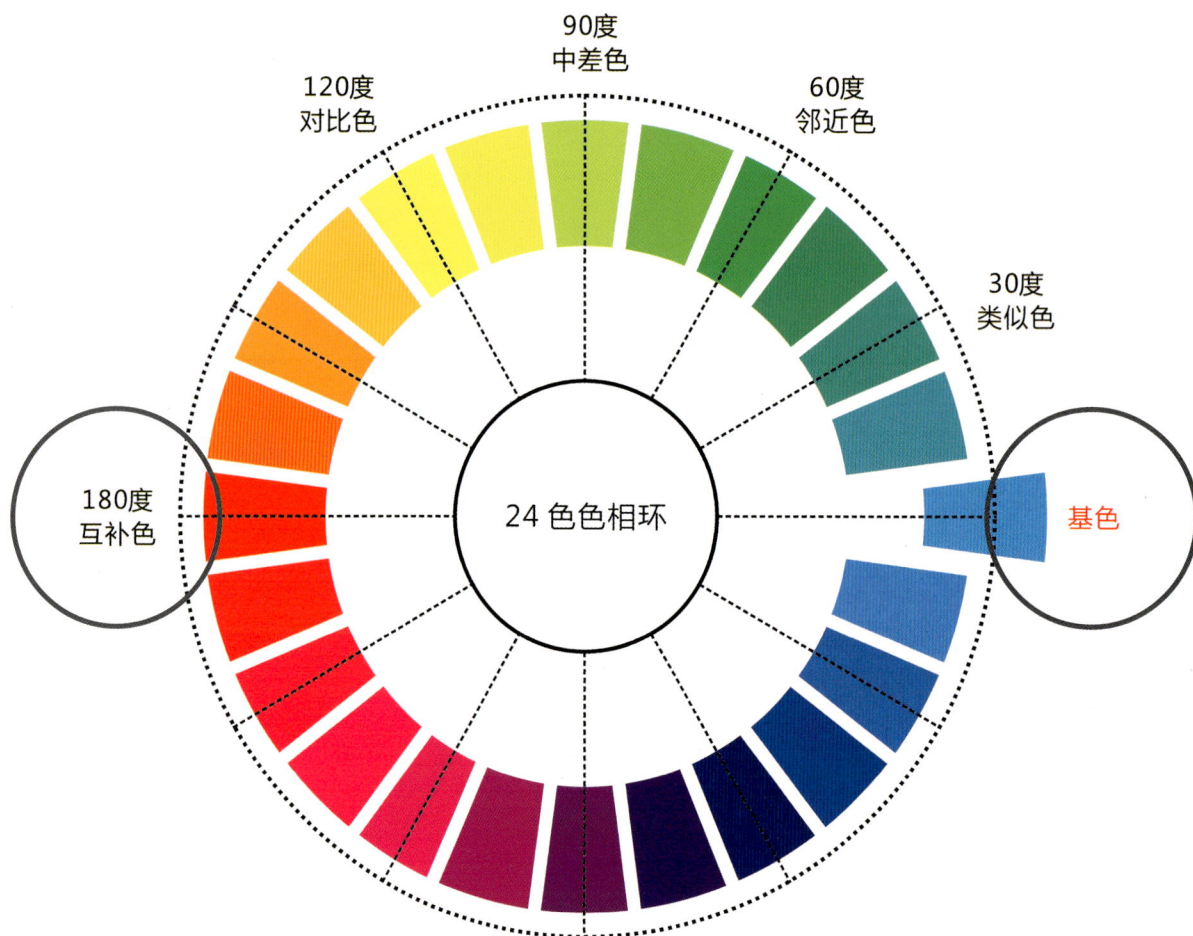

在色相环中每一个颜色对面（180度对角）的颜色，称为互补色，也是对比最强的色组。把对比色放在一起，会给人强烈的排斥感。若混合在一起，会调出浑浊的颜色。

由于补色有强烈的分离性，故在室内色彩搭配的表现中，在适当的位置恰当地运用补色，不仅能加强色彩的对比，拉开距离感，而且能表现出特殊的视觉对比与空间平衡效果。

三、色彩的混合

色彩的混合分为加法混合和减法混合，色彩还可以在进入视觉之后才发生混合，称为中性混合。

 （一）加法混合

 （二）减法混合

 （三）中性混合

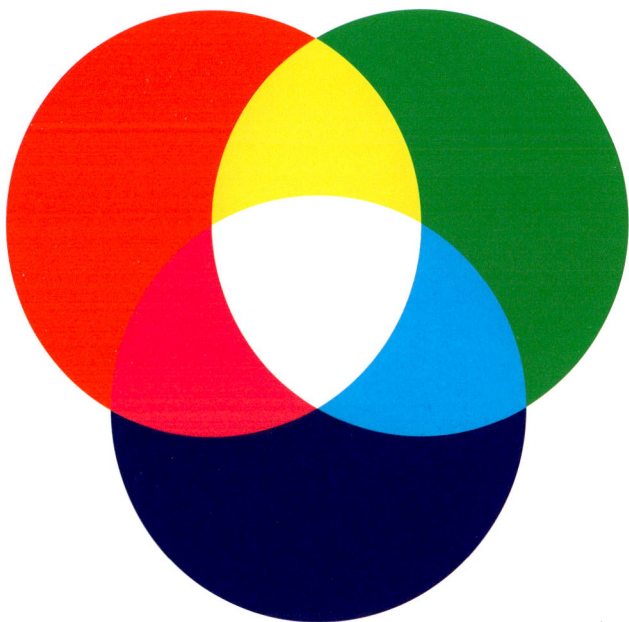

RGB 三原色

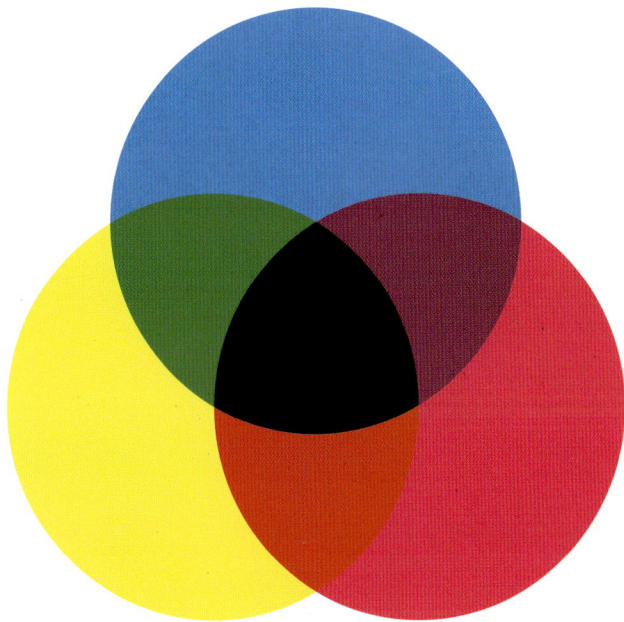

CMYK 三原色

加法混合是指色光的混合，两种以上的光混合在一起，光亮度会提高，混合色的光的总亮度等于相混各色光亮度之和。色光混合中，三原色是朱红、翠绿、蓝紫。这三色光是不能用其它别的色光相混而产生的。而：

 朱红光＋翠绿光＝黄色光

 翠绿光＋蓝紫光＝蓝色光

 蓝紫光＋朱红光＝紫红色光

 黄色光、蓝色光、紫色光为间色光。

如果只通过两种色光混合就能产生白色光，那么这两种光就是互为补色。例如：朱红色光与蓝色光；翠绿色光与紫色光；蓝紫色光与黄色光。

减法混合主要是指的色料的混合。

白色光线透过有色滤光片之后，一部分光线被反射而吸收其余的光线，减少掉一部分辐射功率，最后透过的光是两次减光的结果，这样的色彩混合称为减法混合。一般说来，透明性强的染料，混合后具有明显的减光作用。

减法混合的三原色是加法混合的三原色的补色，即：翠绿的补色红（品红）、蓝紫的补色黄（淡黄）、朱红的补色蓝（天蓝）。用两种原色相混，产生的颜色为间色：

 红色＋蓝色＝紫色

 黄色＋红色＝橙色

 黄色＋蓝色＝绿色

如果两种颜色能产生灰色或黑色，这两种色就是互补色。三原色按一定的比例相混，所得的色可以是黑色或黑灰色。在减法混合中，混合的色越多，明度越低，纯度也会有所下降。

中性混合是基于人的视觉生理特征所产生的视觉色彩混合，而并不变化色光或发光材料本身，混色效果的亮度既不增加也不减低，所以称为中性混合。

有两种视觉混合方式：

1. 颜色旋转混合：把两种或多种色并置于一个圆盘上，通过动力令其快速旋转，而看到的新的色彩。颜色旋转混合效果在色相方面与加法混合的规律相似，但在明度上却是相混各色的平均值。

2. 空间混合：将不同的颜色并置在一起，当它们在视网膜上的投影小到一定程度时，这些不同的颜色刺激就会同时作用到视网膜上非常邻近的部位的感光细胞，以致眼睛很难将它们独立地分辨出来，就会在视觉中产生色彩的混合，这种混合称空间混合。

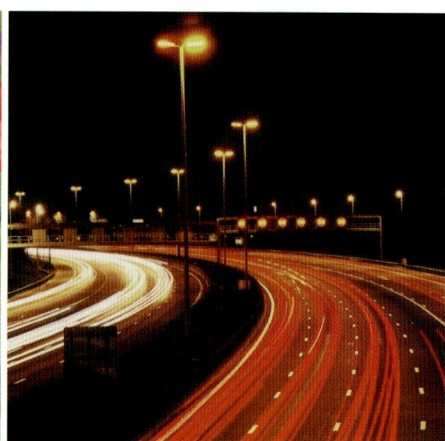

四、色彩的对比

● （一）色相对比

若明度为骨骼，色相就是肌肤，它体现了色彩外向的性格，应用色彩理论中通常用色相环而不是直线排列色色谱表现色相系列。

两种或两种以上的色彩，以空间或时间关系相比较，能出现明显的差别，并产生比较作用，称为色彩对比。

色彩的对比规律，就是研究色彩之间存在的矛盾与差异。不同色彩的色相、纯度、明度和面积、形状、位置以及心理效应的差别构成了色彩之间的对比。色彩丰富的表现力在于色彩对比因素的巧妙使用。各种因素差别越大，色彩对比效果就越强烈，缩小或减弱这些关系，对比效果就会趋向调和。

色彩的某些属性不是绝对的，因此在空间搭配中我们因为受到空间环境色彩以及其他室内装饰物料的影响，需要进行色彩对比，那么首先是色相确定对比，色相作为色彩的基础属性是我们空间色彩搭配第一位需要掌握的基础。

理解了这三个基本的色彩属性，我们就可以更好地做壁纸的搭配工作了。

色彩并置时因色相的差别而形成的色彩对比称之为色相对比。
色相的对比的强弱决定于各色在色相环上的距离即它们的夹角大小，由强到弱依次是
互补色相对比（180 度）对比色相对比（120 度至 180 度以内）
中差色相对比（90 度左右）类似色相对比（60 度以内）
邻近色相对比（45 度左右）同类色相对比（15 度以内）

除了色感偏移之外，对比的两色，有时会发生互相色渗的现象，而影响相隔界线的视觉效果，当对比的两色，具有相同的彩度和明度时，对比的效果越明显，两色越接近补色，对比效果越强烈。

首先我们看到的两个底色：红色，黄色
而在红色和黄色中间，我们应用同一个色彩：橙色
在红色底的对比下，橙色看上去偏向于黄色
在黄色底的对比下，橙色看上去偏向于红色

1. 同类色对比

　　色相环上距离较近的色彩关系，色相差别很弱，夹角在 15°左右，如中绿与翠绿、黄与柠檬黄、朱红与大红等。同类色的对比效果的色相差别很小，对比中色彩的形状认知感模糊，色调统一，是调和的色彩对比关系。

2. 类似色对比

效果：单纯雅致、平静的特点。有时也显得单调平淡。

类似色的配色，一般是在色相环上 60 度以内的色彩组合，如从红—橙—黄，从黄—绿—蓝绿，或从绿—蓝—蓝紫等。由于类似色相之间邻近，色彩逐渐变化，秩序性强，故色彩的组合配色十分协调，极容易形成统一的色调。并且与同一色相的配色相比又不乏色彩变化，其配色效果调和统一又清新明快

3. 邻近色对比

色相环上的距离 45 度左右，效果明显生动活泼有生气。

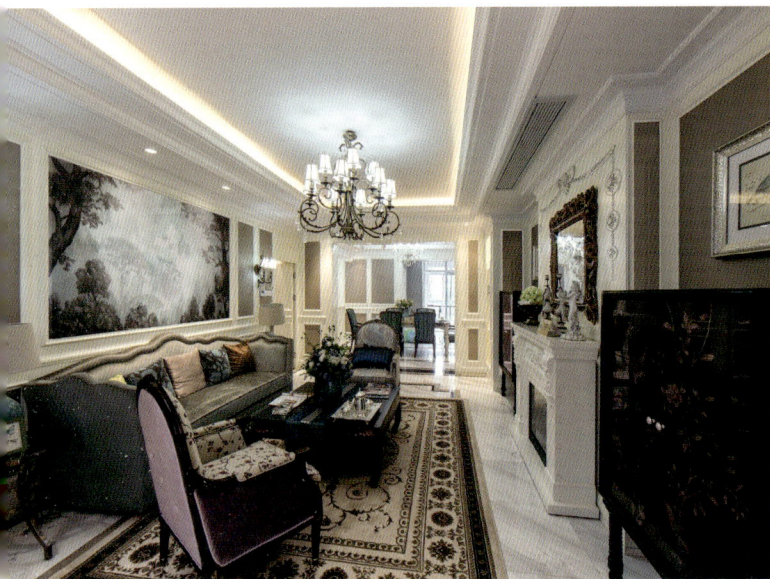

色相环上顺序相邻的色相，色相差别小，夹角在 45°左右，如红与橙、黄与绿、橙与黄这样的色并置关系，称为邻近色相对比，属色相弱对比范畴。这样的色彩对比关系中已存在共同因素，如红和橙、黄和绿，橙色已有红色的倾向，绿色已有黄色的倾向。邻近色相的对比在色相的弱对比中仍显清晰，各色特征明显，是整体调和又包含变化的色彩对比关系。

4. 中差色对比

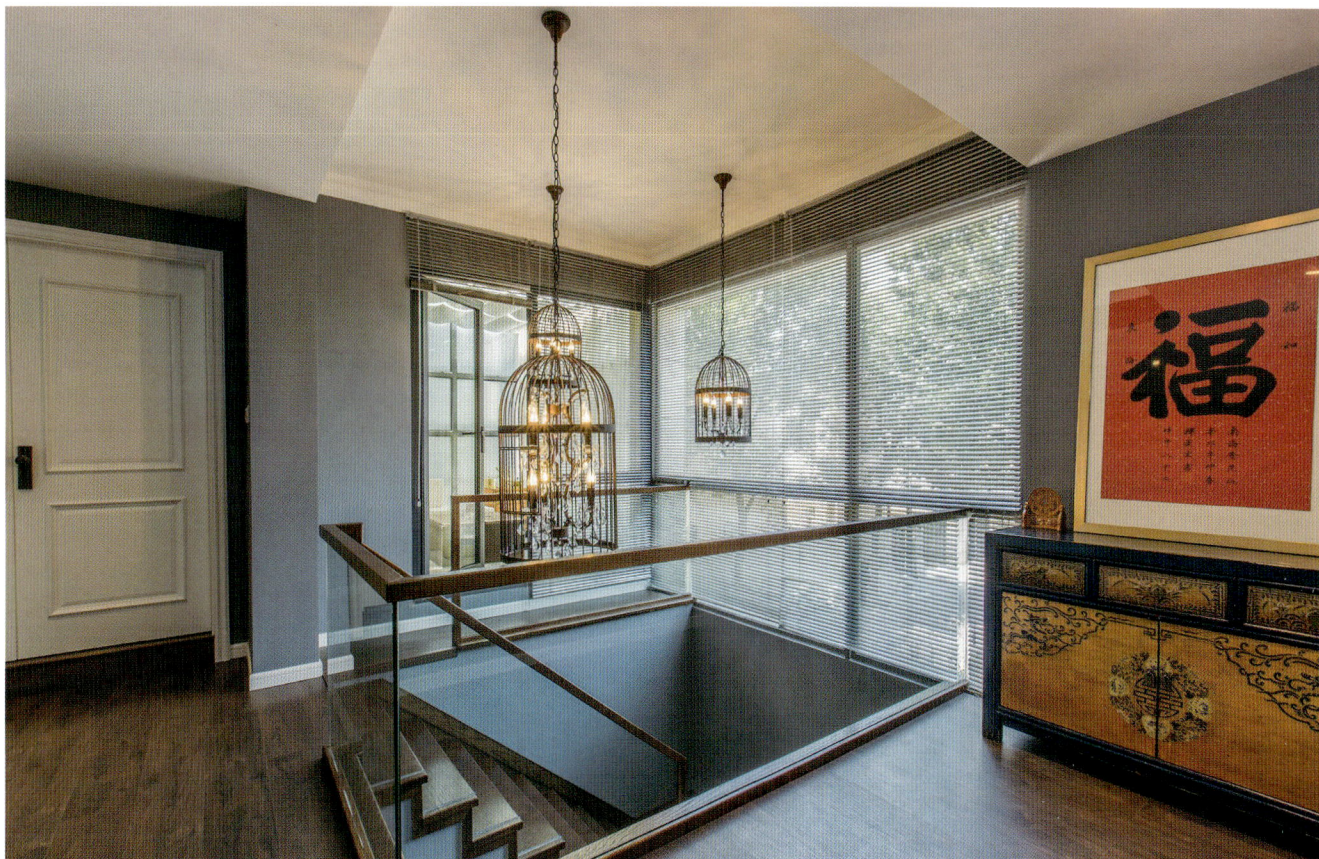

　　色相环上间隔 90°左右的色彩之间的对比色相差比较明确，色彩之间的对比比较明快，介于类似色与对比色之间，如橙黄与红、红与蓝紫、蓝与黄绿等。中差色的是一种常用的色彩对比关系。

5. 对比色对比

效果强烈更丰富更刺激当对比的两色具有相同的彩度和明度时对比的效果越明显、两色越接近补色。

色相距离在 120°左右的对比，一般称为对比色相对比，如：品红、黄和青，红、黄绿和青蓝，橙、绿和青紫。

对比色相对比的色相感，要比邻近色相对比鲜明、强烈、饱满。丰富，容易使人兴奋激动和造成视觉以及精神的疲劳。

这类瞩子的组织比较复杂，统一的工作也比较难做。它不容易单调，而容易产生杂乱和过分刺激，造成倾向性不强，缺乏鲜明的个性。

6. 互补色对比

两个互为补色的色彩在一起时，会产生明显的效果，使色彩彼此色感更强，我们称之为补色对比。

伊顿指出："互补色的规则是色彩和谐布局的基础，因为遵守这种规则便会在视觉中建立精确的平衡。"互补色的对比是很有价值的色彩关系。

互补色处于色相环直径两端，夹角为 180 度。确定两种颜色是否为互补关系，最好的办法是将它们相混，看看能否产生中性灰色，如果达不到中性灰色，就需要对色相成分进行调整，才能寻找到准确的补色。

典型的补色关系是红与绿、蓝与橙、黄与紫。这几种补色对比总是包含了三原色，因为任何原色的补色都是由其他两个原色相混合而成，也可以说包含了全部色相。

补色对比使色彩对比达到最强的程度，效果强烈，其对立性促使对立双方的色相更加鲜明，因此补色对比是最有美感价值的配色。梵高的绘画具有极强的色彩张力，来自于它对于补色关系的有效利用。

● （二）明度对比

明度在三要素中具有较强的独立性，它可以不带任何色相特征，而通过黑白灰的关系单独呈现出来。色彩一旦发生，明度即同时出现。素描即将对象的色彩要素抽象为明暗关系。明度是色彩的骨骼，它是色彩结构的关键。明亮的色彩和昏暗的色彩放在一起的时候，明亮的颜色会显得更亮，昏暗的色彩会显得更暗。

色彩间明度差别的大小，决定明度对比的强弱。在明度轴上三级差以内的对比称为明度弱对比，由于在明度轴上跨度小，又称为短调对比；四至六级差别的对比称明度中对比，又称为中调对比；七级差别以上的对比，称明度强对比，又称为长调对比。

用这种方法可以把明度对比调式大体划分为以下九种：

高长调具有积极的、明快、强烈、清晰的效果；
高中调具有明朗、轻松的效果；
高短调具有淡雅、柔和、明亮的效果，象征女性；
中长调稳健、沉着、有坚强的，男性的，丰富的效果；
中间中调神秘、有含蓄丰富的效果；
中短调沉着、含蓄、模糊而丰富；
低长调较强烈，有爆发性，具有威严和庄重感；
低中调低沉、具有苦恼和苦闷感；
低短调则幽暗、沉闷、忧郁、缺乏生气。

根据蒙塞尔色立体明度色阶表，把明度轴由黑至白分为9个等级，分别用 N1 到 N9 表示，把接近明度轴黑色的三级色彩称为低调色，低调色朴素、沉闷、迟钝、厚重、雄大、有孤寂感；四级至六级的色彩称为中调色，中调色温柔、甜美、稳定、坚强、丰富、有稳健的感觉；七级至白的色彩称为高调色，高调色具有优雅、明亮、寒冷、活泼、柔和、轻盈的感觉。

将相同的色彩，放在黑色和白色上，比较色彩的感觉，会发现黑色上的色彩感觉比较亮，放在白色上的色彩感觉比较暗，明暗的对比效果非常强烈明显，对配色结果产生的影响，明度差异很大的对比，会让人有不安的感觉。

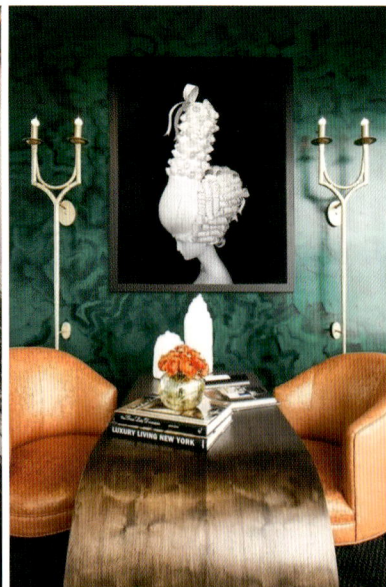

● （三）纯度对比

色彩之间因鲜浊程度差别而形成的对比叫纯度对比。

我们的视觉能辨认出的有色相感的颜色，都具有一定的鲜浊程度即纯度。不同原色相的颜色明度不等，纯度也不等。

纯度对比可以体现在单一色相的对比中，同色相可以因为含灰量的差异而形成纯度对比；也可以体现在不同色相的对比中，据孟赛尔研究的纯度色标数值，红色是色彩系列之中纯度最高的，其次是黄、橙、紫等，蓝绿色系纯度偏低。当其中一色混入灰色时，视觉也可以明显地看到它们之间的纯度差。黑色、白色与一种饱和色相对比，既包含明度对比，亦包含纯度对比，是一种很醒目的色彩搭配。由于目前现有染料、颜料和印刷油墨等色料纯度是很低的，因此纯度对比的范围实际上缩小了。

可以用以下方法改变一个色彩的纯度：

加入无彩色：纯色混合白色可以降低其纯度，提高明度，同时色彩变冷。

色彩可以由四种方法降低其纯度：

1. 加白：纯色中混合白色，可以减低纯度、提高明度，同时各种色混合白色以后会产生色相偏差。色彩感觉柔和、轻盈、明亮。

2. 加黑：纯色混合黑色即降低了纯度，又降低了明度，同时色彩变暖，各种颜色加黑后，会失去原有的光亮感，而变得沉着、沉稳、安定、深沉、幽暗。

3. 加灰：纯度混入灰色，会使颜色变得浑厚、含蓄。相同明度的灰色与纯色混合，可得到相同明度不同纯度的含灰色，具有柔和、软弱的特点；

4. 加互补色：纯度可以用相应的补色掺淡。纯色混合补色，相当于混合无色系的灰，因为一定比例的互补色混合产生灰，三原色相混合得深灰色，而一种色彩如果加它的补色，而其补色正是其他两种原色相混所得的间色，所以也就等于三原色相加。如黄加紫可以得到不同的灰黄。如果互补色相混合再用白色淡化，可以得到各种微妙的灰色。

5. 加入其他色：一个纯色加入其他任何有彩色，会使其本身的纯度、明度、色相同时发生变化。同时，混入的有彩色自身面貌特征也发生变化。

高纯度色的色相特征明确，有力、艳丽、生动、活泼，对视觉刺激的效果强，对心理情感作用明显，但容易使人疲倦，不能持久注视。低纯度的色相则特征较弱，含蓄，对视觉刺激的效果柔和，注目程度低，能持久注视，大自然丰富细腻的色彩变化体现了纯度对比的平和特点。

彩度对比：

色彩和另一彩度较高的色彩并列时，会觉得本身彩度变低，而和另一个彩度较低的色彩时，会觉得彩度变高，这种现象称为彩度对比。

● （四）面积对比

视觉所能观察到的色彩现象定有面积存在，两种或两种以上的色彩共存于同一视觉范围内，必定会产生不同的面积比例，不同的面积比使色彩显示出不同的强度，产生不同的色彩对比效果。

色彩面积对比是指各种色彩在画面中占据量的多与少、大与小的对比。一个色彩的强度与面积因素关系很大，同一组色，面积大小不同，给人的感觉不同。色彩之间色相的差别、明度、纯度的对比都建立在一定面积的基础之上

歌德认为色彩的明度与面积决定其在画面中的强度。他把纯色的 6 色相定为下面的数值：黄 3、橙 4、红 6、紫 9、青 8、绿 6，并将一个圆分成 36 个扇形等分，以表示色彩的力量比，其中黄占 3 分，橙占 4 分，红绿各占 6 分，紫占 9 分，蓝占 8 分。这就是说，只有这种比例的色光混合后才能是白光，如果 6 种色光都是均等的 6 分，混合出的光不是白光，而是橙黄色。灯光就是这样的。我们可以从太阳光谱中看出，它的七色并非等量的，而是与歌德所说的比例相当。把歌德的色彩平衡比例可以用色盘旋转的方法来实现，分别在两个圆盘上按 1：1 和 1：3 来放置黄色和紫色，旋转后前者出现黄灰色而后者出现中性灰，说明其色彩的平衡理论是成立的。

（五）形状对比

　　色彩的形状是和面积共存的，形状就是面积所表现出来造型上的曲直以及形态上的聚散，对比效果会因为其形状的变化而产生不同的效应。

　　对比各色形状集聚的程度越高，色彩受边缘错视影响的边缘相对短，各自的稳定性越好，色彩强度越能得到集中表现，色彩对比效果强烈，不易产生视觉混合，发生空间混合的可能性小。具有集聚感的造型有圆形、方形、三角形、多边形等，正圆形的集聚程度最高。

● （六）肌理对比

　　肌理是指物体表面的组织构造和结构。色彩的肌理效果总是伴随着材料的变化而出现不同的效果。由于材料的表面组织的结构不同，吸收与反射光的能力也不同，因此能够影响物体表面的色彩效果。光滑的表面反光能力强，色彩不够稳定，明度有提高的现象；粗糙的表面反光能力很弱，色彩稳定；粗糙到一定程度后，明度和纯度比实际有所降低。如玻璃、瓷器、陶器、金属、塑料、木材、纺织品等材料所表现出的色彩肌理千差万别。同一种色彩，用在不同的材质肌理上会产生不同的色彩效果。

　　肌理的感觉可以通过触觉和视觉来感受，作为视觉要素之一的肌理，指的是触觉肌理的视觉表现，视觉的肌理可以引起人们不同的心理感受。设计实践上材料与肌理的色彩表现越来越受到重视。

五、色彩的分类

● （一）无彩色与有彩色

无彩色——反射光与透射光在视觉中并未显示出某种单色光的特征。

无彩色（黑、白、灰）

有彩色——繁殖能感受某种单色光特征。

无彩色没有色相

无彩色即白、灰、黑色由于没有色相和纯度，只有明度，所以属于无彩色。

● （二）冷色与暖色

色彩之间因为冷暖差别形成的色彩对比称为冷暖对比。

人的感觉器官会对不同的色彩会产生温暖或寒冷的感觉，这种感觉差异主要靠色相特征来实现。一方面是自然界温度变化的色彩表现，如阳光、火焰、月色、冰雪等色彩差异；另一方面是人类长期生活经验和印象的积累，感觉器官对自然现象的感受以及产生的心理变化之间下意识的联系，导致如同条件反射一样，视觉与触觉的感受，通过神经传递到大脑而产生各种心理变化，视觉变成了触觉的先导，看到红橙色光都会联想到火焰、太阳，心理上会产生温暖和愉悦感。看到蓝色，同样产生联想会产生寒冷的感受。

暖色系：由太阳颜色衍生出来的颜色，红色、黄色，给人以温暖柔和的感觉。冷色系：蓝色、紫色都属于冷色系，另外粉色也属于冷色系哦。

白色是一种包含光谱中所有颜色光的颜色，通常被认为是"无色"的。白色的明度最高，无色相。白色寓意着公正、纯洁、端庄、正直、少壮、超脱凡尘与世俗的情感。

白色代表纯洁，象征着圣洁优雅。

色什么是暖色系？什么是冷色系？

暖色系包括红紫、红、红橙、橙、黄橙；
冷色系包括黄绿、绿、蓝绿、蓝、蓝紫；
还有介於暖色系和寒色系的颜色：黄，紫。

由于色彩感觉的冷暖差别而形成的色彩对比，称为冷暖对比。（红、橙、黄使人感觉温暖；蓝、蓝绿、蓝紫使人感觉寒冷；绿与紫介与其间）

其中橙色是最暖的色彩；把绿、青、蓝系列定为冷色系，蓝青色为最冷的色彩。橙色与蓝色是补色对比中冷暖差异最强的色彩关系。由于任何色彩加白后明度提高而色相变冷，加黑后明度降低而色相偏暖，所以在无彩色系中，因为白色反射高而感觉冷称为冷极，因为黑色吸收率高而感觉暖称为暖极。孟赛尔色彩体系与奥斯特瓦德色彩体系中色彩越是靠近色立体上部越冷，越靠近下部越暖。

色彩的冷暖概念是相对的而非绝对的，同一色彩处于不同的色彩环境会表现出不同的冷暖倾向。

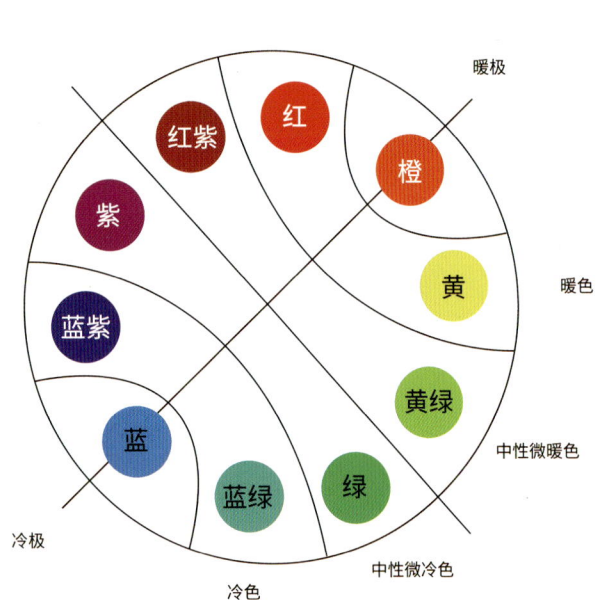

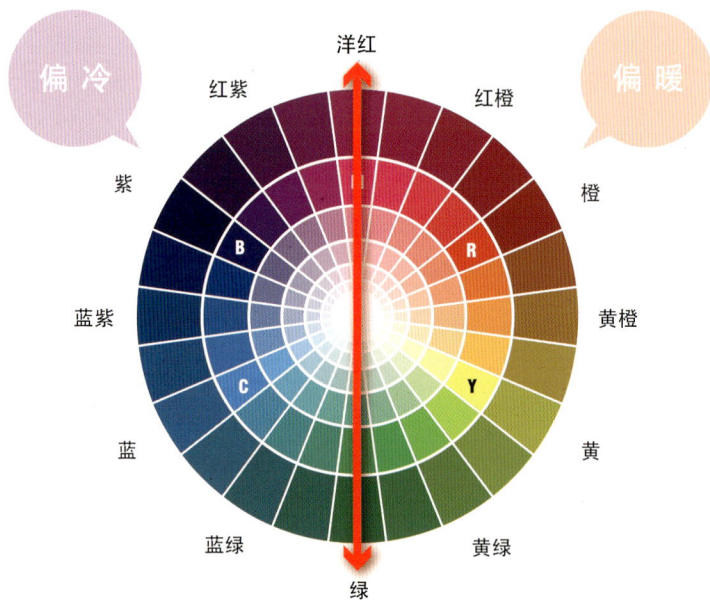

● （三）轻色与重色

W

p
淡色调

lt
浅色调

ltGy

ltg
浅灰色调

b
明亮色调

sf
轻柔色调

mGy

s
强烈色调

v
鲜艳色调

g
灰色调

d
浊色调

dkGy

dp
深色调

dkg
暗灰色调

dk
暗色调

Bk

● （四）前进色与后退色

前进色（Advancing Color）：在置于同一平面上的各种颜色中，显得比其它颜色更靠近眼睛的某些颜色中之任一种颜色（如各种黄色和与黄色相近的其它颜色）。

后退色（Receding Color）：亦称"缩色"。和其它颜色在同一平面上，但看上去离眼睛较远的几种颜色（如绿色、蓝色、紫色及其各种变色）。

有些颜色看起来向上凸出，有些颜色看起来向下凹陷。膨胀色可以使物体的视觉效果变大，而收缩色可以使物体的视觉效果变小。颜色还有另外一种效果。有的颜色看起来向上凸出，而有的颜色看起来向下凹陷，其中显得凸出的颜色被称为前进色，而显得凹陷的颜色被称为后退色。前进色包括红色、橙色和黄色等暖色，主要为高彩度的颜色；而后退色则包括蓝色和蓝紫色等冷色，主要为低彩度的颜色。

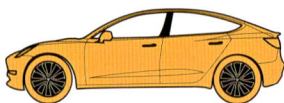

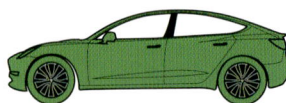

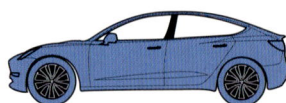

◎为什么蓝色汽车的事故率最高？

国外曾有人进行过统计，在各种颜色的汽车中，发生交通事故比率最高的就要数蓝色汽车了。然后依次为绿色、灰色、白色、红色和黑色等等。蓝色是后退色，因而蓝色的汽车看起来比实际距离远，容易被其他汽车撞上。如果不从被动交通事故的角度考虑，而把所有发生交通事故的汽车都统计在内的话，也有统计结果表明黑色汽车发生的交通事故最多。

汽车发生交通事故是由多种原因共同造成的，所以无法简单地将汽车颜色与交通事故认定为因果关系。而且，不同的时间段，汽车颜色的视觉效果也不相同。然而，有一点是毫无疑问的，那就是汽车颜色的可视性、前进色、后退色等性质的不同与事故率的差异是有关联的。因此，我们在路口时要特别注意对向行驶的蓝色汽车，在高速公路上要特别注意自己前方的蓝色汽车。

◎让房间看起来更宽敞的秘诀

正确使用前进色和后退色可以使房间看起来更加宽敞。此时，要特别注意用色的明度，所有明度高的颜色都可以使房间显得很宽敞。

较低的天花板给人压抑的感觉，但是只要涂上淡蓝色等明度高的冷色，就可以从感觉上拉高天花板。对于比较狭窄的墙壁，可以使用明度高的后退色，使墙壁看起来比实际位置后退了，这样不就显得宽阔了吗？此外，对于比较深的过道，可以在过道尽头的墙面使用前进色，使这面墙产生凸出感，从而缩短过道的长度。对于卫生间，可以统一使用白色或者米色，这样不仅使人感觉清洁、明快，还能使不大的卫生间看起来宽敞一些，减少压迫感。

在化妆界，前进色和后退色更是得到了广泛的应用。合理运用色彩可以帮助化妆师画出富有立体感的脸。可以制造立体感和纵深感的眼影就是后退色。在日本的传统插花艺术中，前面摆红色或橙色的花，后面摆蓝色的花，可以构造出一种具有纵深感的立体画面。

正确使用后退色的话，可以使房间显得宽敞。

（五）膨胀色与收缩色

膨胀色可以使物体的视觉效果变大，而收缩色可以使物体的视觉效果变小。

各种颜色中，有的看了就可以令人胃口大开、食欲大振，红色、橙色和黄色等颜色就有这样的效果。总之，鲜艳的色彩都有增进食欲的效果。水果的红色和橙色、蔬菜的绿色、红烧肉的红色、生鱼片的白色和黄色配以芥末的绿色、牛肉盖浇饭的黄白搭配等等让人看了就有垂涎欲滴的感觉。

食欲与颜色的关系也是主观的，这与一个人以前的经验有很大的关系。如果以前吃某一种颜色的食物时有过不愉快的经历，也许以后再看到这个颜色的食物时，就会感到反感。以日本人为例，首先日本人食物的颜色比较广泛，从米饭和面条的白色到黑胡椒和海苔的黑色，真可谓多种多样、五颜六色。因此，可以唤起日本人食欲的颜色也是多种多样的。总的来说，可以唤起食欲的颜色，其前提条件是这种颜色可以让人联想到

某种可口的食物，红色和橙色比较容易让人联想到美味的食物，因而是最具开胃效果的颜色，而紫色和黄绿色等则是最能抑制食欲的颜色。

要想唤起食欲，食物的颜色固然重要，但餐厅的颜色与照明同样不可忽视。我认为盛食物的器皿的颜色尤其重要。在日本，制作餐具器皿被当作一门艺术，一些匠人制作餐具器皿的技术和色彩感都非常出色。盛食物的器皿以白色居多，这是因为白色可以更好地突出食物颜色的缘故。器皿中少有的蓝色也可以起到同样的作用，因此，在日本，蓝边的白盘子非常常见。此外，黑色餐具器皿在日本料理中也得到了比较广泛的应用。这是因为黑色可以和食物的颜色产生强烈的对比，从而更加突出食物颜色的缘故，而且日本料理的微妙味道可以在黑色的衬托下得到淋漓尽致的发挥。

色彩的膨胀性与收缩性，相同直径的圆，暖色系看上去大，冷色系看上去小

第二节 色彩的基础搭配

一、类似色搭配

　　类似色搭配，我们在色相环中可以看到色彩属性。本案设计中，家具主体和墙面壁纸、窗帘等搭配来讲，它们只是明暗不同，而无色别上的根本差异。这样的空间，给人以温馨、纯净的感觉，而色彩的应用，冷暖等空间色调，也在于不同空间的综合把握。

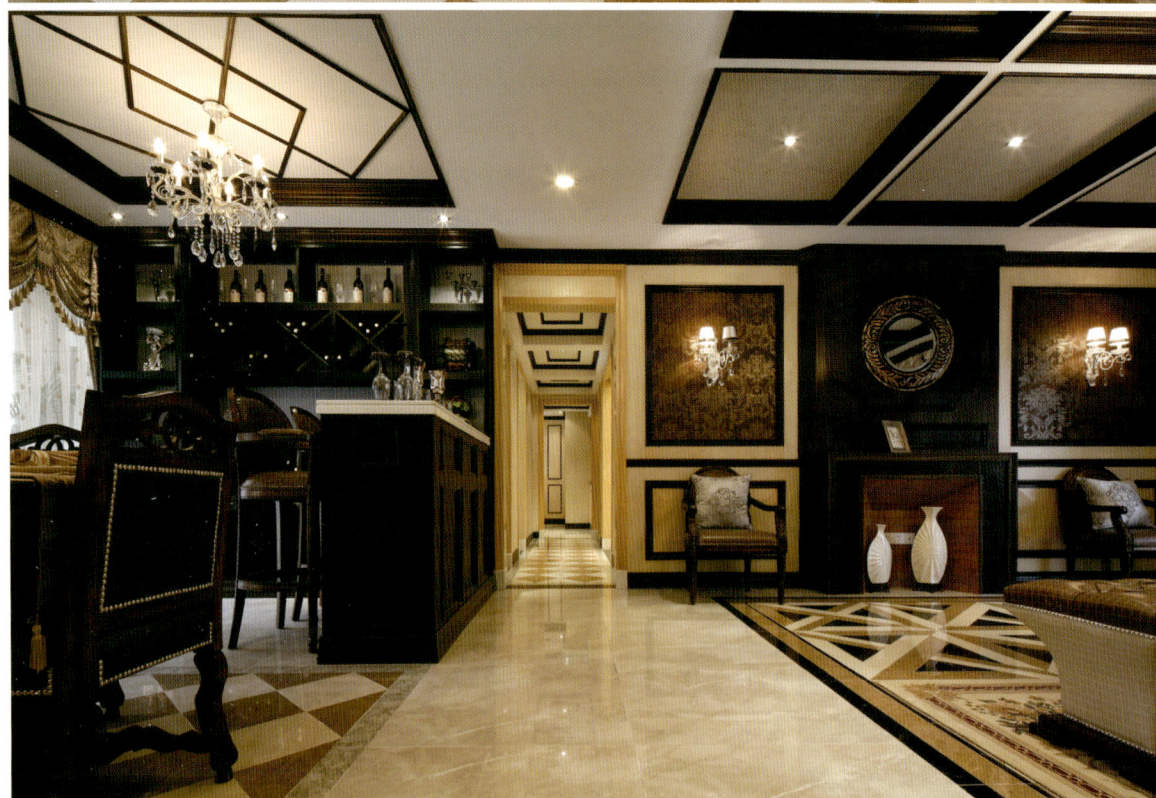

二、邻近色搭配

　　含有同一种色光成分的一些色彩，如红、红橙、橙、黄橙
之中都含有红色，黄绿、纯绿、蓝绿之中都含有绿。

三、中差色搭配

　　这些色相已存在较强的对比，配色较鲜明，应注意调和，如色相相互间纯度较高，则会使对比过强，这时应注意降低其中一色的纯度。

四、对比色搭配

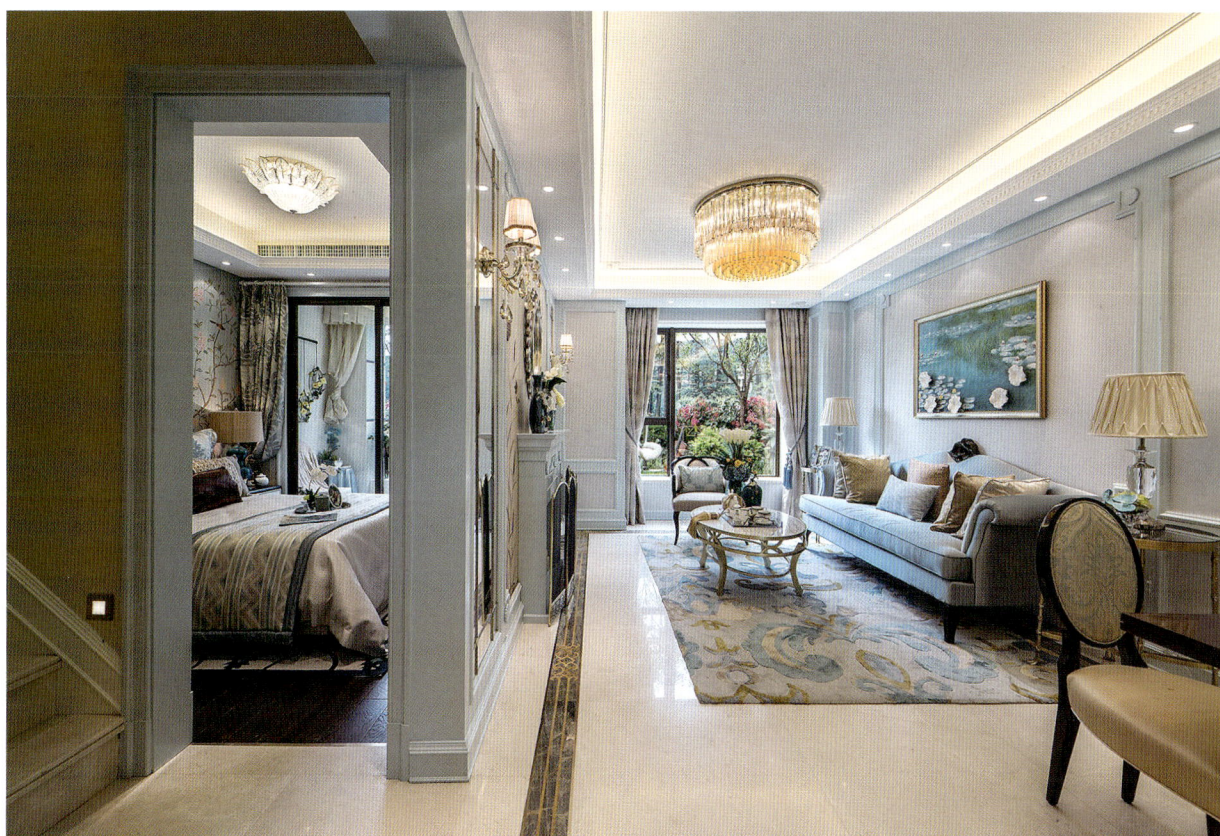

五、互补色搭配

第三节 色彩的情绪感知

色彩对于人类的视觉刺激分为：
色彩生理和色彩心理两方面。
色彩心理
指客观色彩世界引起的主观心理反应，色彩心理与色彩生理是交替进行的，它们之间既相互联系，又相互制约。
色彩的性质不是绝对的，而是相对的

在我们的物质生活和精神生活发展的过程中，家居室内空间始终影响着我们的身心平衡，而居室中色彩对于每一个人的影响都是潜移默化的，我们生活在色彩的世界当中，色彩给予每一个人的心理暗示都是相互渗透的，因此，色彩对于大众而言，有通用的色彩感知情感和色彩特定意义，但是对于每一个个体来说，可能还会存在特有而独立的意义和参考。

在我们幼年时期，介于生活环境的种种影响，我们已经开始对身边的色彩在认知的过程当中存在着各种各样的情感和偏好，不同的色彩会产生不同的心理影响和情绪效果。

对于壁纸的整体搭配来说，室内空间 4 个墙面的空间占比，在色彩应用中，是我们需要非常注意的问题。色彩是软装搭配室内效果给人的第一感觉，因此，关于色彩的情绪感知将是我们本节学习和感受的重点。

色彩对大脑的影响

红色

分泌主要的荷尔蒙：肾上腺素

刺激部位：循环系统

作用：促进血液循环

效果：兴奋、热情

橙红色

分泌主要的荷尔蒙：胰岛素

刺激部位：植物性神经系统

作用：抵抗酒精

效果：增进健康

橙黄色

分泌主要的荷尔蒙：饥饿激素

刺激部位：植物性神经系统

作用：增进食欲

效果：食欲旺盛，精神健康

绿黄色

分泌主要的荷尔蒙：乙酰胆碱

刺激部位：脑下垂体

作用：消除抑郁减轻压力

效果：放松稳定

蓝色

分泌主要的荷尔蒙：血清素（血清张力素，又称 5- 羟色胺）含于血液中的复合胺

刺激部位：视丘下部 (下丘脑 - 垂体 - 肾上腺轴)

作用：血液的生成

效果：放心情绪，集中精力

蓝紫色

分泌主要的荷尔蒙：肥胖抑制素

刺激部位：植物性神经系统

作用：抑制食欲

效果：稳定情绪，集中精力

紫色

分泌主要的荷尔蒙：去甲肾上腺素，降肾上腺素

刺激部位：视丘

作用：对危险的警示

效果：恐怖，不愉快

粉红色

分泌主要的荷尔蒙：雌激素，是一类主要的女性荷尔蒙，包括雌酮、雌二醇等

刺激部位：腺垂体；垂体前叶；垂体腺体叶

作用：促进血液循环

效果：快活，朝气蓬勃

白色

分泌主要的荷尔蒙：多种

刺激部位：视丘下部 (下丘脑 - 垂体 - 肾上腺轴)

作用：肌肉紧张

效果：增强上进心

黑色

分泌主要的荷尔蒙：无

刺激部位：没有影响

作用：没有

效果：心理稳定

一、色彩的印象

●红色

我们以红色为例，感受学习色彩的方式方法。

一说红色就想到玫瑰花的颜色。

红色是生命最初的颜色，在娘胎里也许我们能够看到的就是红色。红色也是所有颜色重最早被命名的颜色，在全世界的语言中，是最古老的颜色命名。

红色为三原色之一，完全纯正的红色被称为"品红"。

红色的基本认知在人类发展的经验历程中，最早被认可的象征性意义：血、火。

这两种色彩象征性的经验认知，在全世界所有的文化和所有的时代，都存在其意义和价值，此象征意义也深深的根植在人们的意识之中。

二、色彩的联想

高雅 — 古朴 — 激情 — 狂欢 — 摩登 — 碰撞 — 童趣 — 乡村 — 波普 — 情趣 — 妩媚 — 线条 — 英伦

三、色彩的情感

首先，寻找到红色给人的印象，我们从诸多的图片中获得，在这里我们分析每一个红色图片带给我们和他人的感受。

再次，我们看到一个色彩的时候，思考下我们具体能够联想到的实物是什么。

最后，我们再考虑就这个联想出来的实物，我们可以抽象的想象到什么情感和感受。

在整个色彩感知的过程中，我们还需要综合硬装空间的具体空间条件和居住人群的个性喜好生活方式来进行最终的色彩选择和定位。

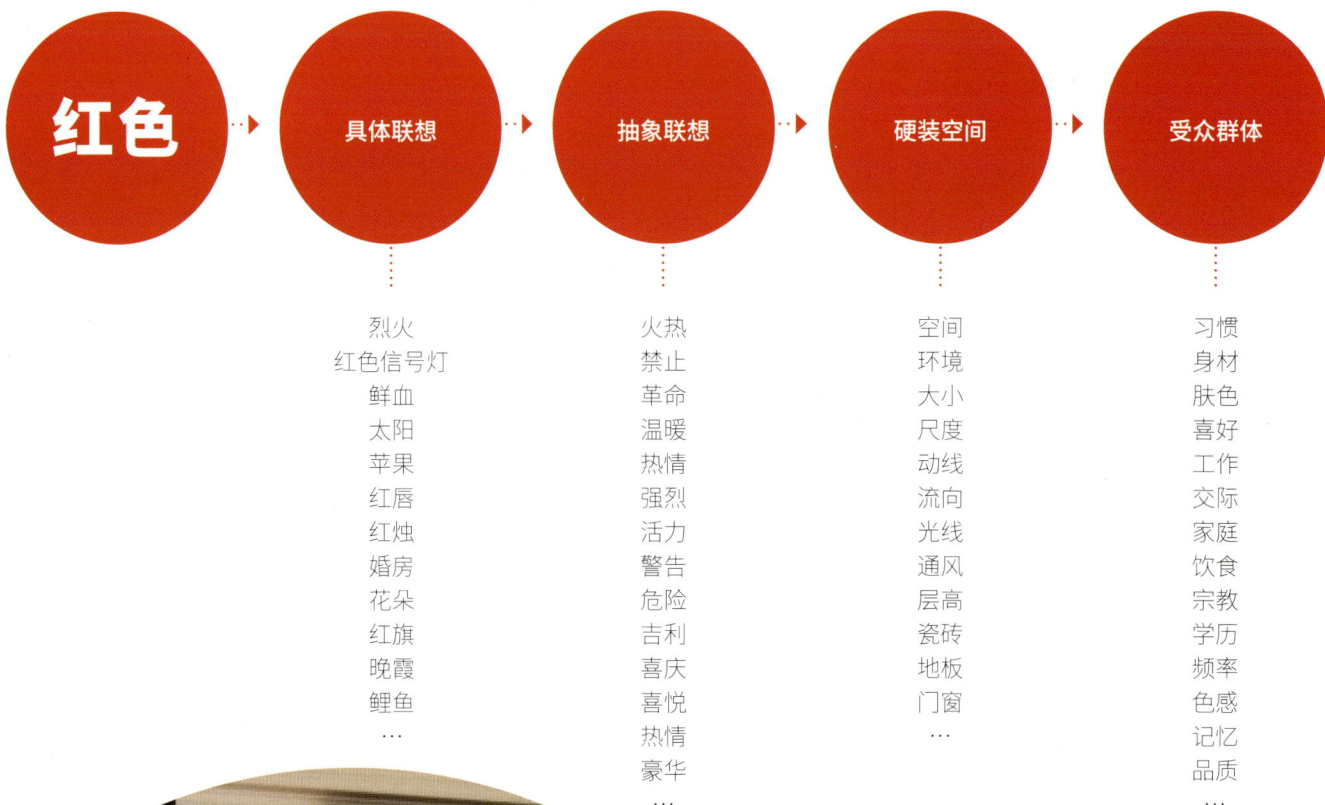

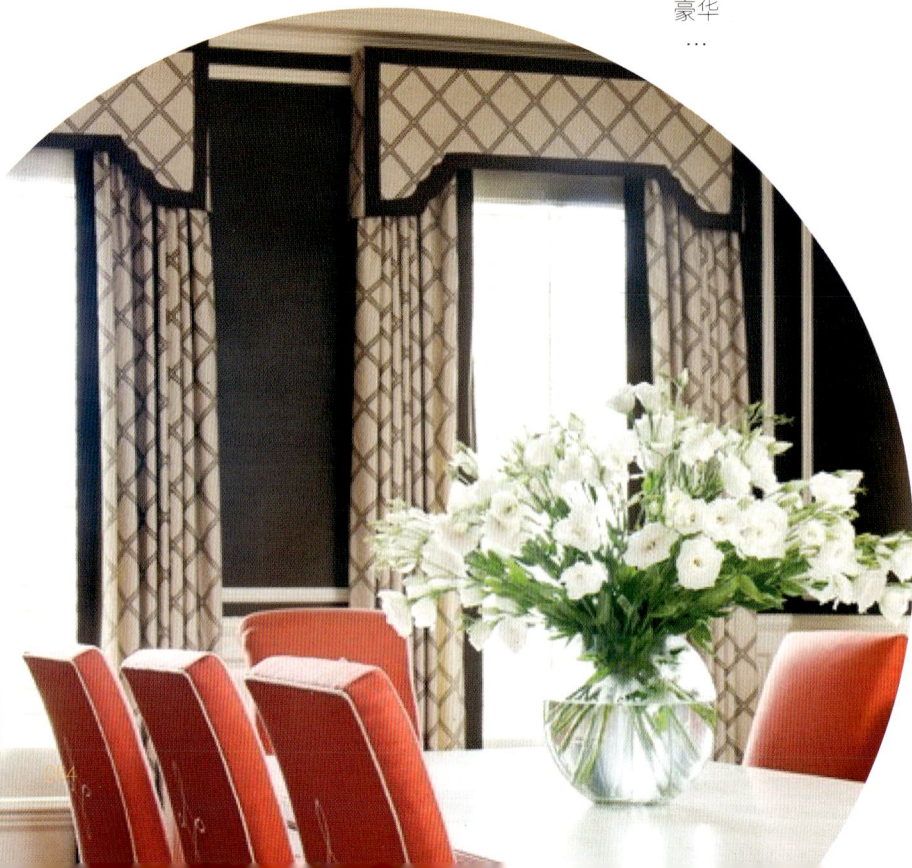

红色	具体联想	抽象联想	硬装空间	受众群体
	烈火	火热	空间	习惯
	红色信号灯	禁止	环境	身材
	鲜血	革命	大小	肤色
	太阳	温暖	尺度	喜好
	苹果	热情	动线	工作
	红唇	强烈	流向	交际
	红烛	活力	光线	家庭
	婚房	警告	通风	饮食
	花朵	危险	层高	宗教
	红旗	吉利	瓷砖	学历
	晚霞	喜庆	地板	频率
	鲤鱼	喜悦	门窗	色感
	…	热情	…	记忆
		豪华		品质
		…		…

做壁纸色彩定位
做壁纸材质定位
做壁纸纹样定位
定壁纸铺贴方式

红色是强有力的色彩，是热烈、冲动的色彩。

约翰·伊顿教授描绘了受不同色彩刺激的红色。

他说：

在深红的底子上，红色平静下来，热度在熄灭着；

在蓝绿色底子上，红色就像炽烈燃烧的火焰；

在黄绿色底子上，红色变成一个冒失的、莽撞的闯入者，激烈而不寻常；

在橙色的底子上，红色似乎被郁积着，暗淡而无生命，好像焦了似的。

因此，我们在配色的时候必须要考虑色相之间的相互关系。

華
麗

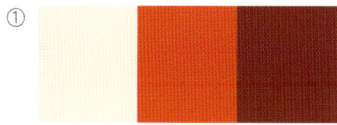

①

3-11-20-0
248-232-208

10-90-95-5
211-56-28

36-91-82-31
137-39-39

②

49-41-0-0
143-146-199

6-28-59-1
238-194-115

10-90-95-5
211-56-28

④

91-38-64-31
0-96-85

10-90-95-5
211-56-28

15-1-38-0
226-235-179

③

10-90-95-5
211-56-28

9-9-18-0
236-231-213

95-70-5-0
0-79-157

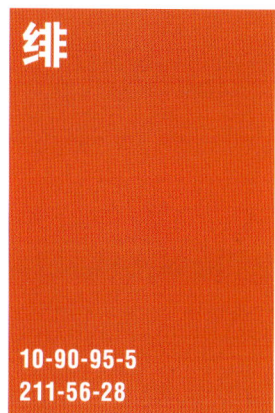

绯

10-90-95-5
211-56-28

大
胆

①

30-11-89-5
188-195-48

0-95-90-0
231-37-32

73-86-8-2
97-58-139

②

0-60-100-0
240-130-0

0-95-90-0
231-37-32

100-0-40-0
0-158-168

④

0-95-90-0
231-37-32

0-27-100-0
251-196-0

0-80-80-10
219-79-46

③

22-92-26-9
186-41-107

89-12-89-2
0-149-79

0-95-90-0
231-37-32

绯红

0-95-90-0
231-37-32

威
严

①

0-50-30-20
209-135-131

20-100-100-0
200-22-29

70-100-65-40
76-20-50

②

20-100-100-0
200-22-29

28-21-100-40
141-133-0

83-72-47-0
65-81-110

④

70-75-38-25
85-65-98

20-100-100-0
200-22-29

8-16-58-29
190-170-99

③

90-25-85-20
0-119-71

0-100-65-70
105-0-7

20-100-100-0
200-22-29

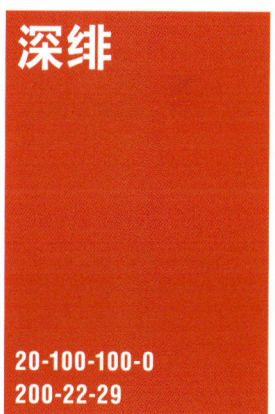

深绯

20-100-100-0
200-22-29

温
馨

①

0-65-50-10
222-113-98

3-27-20-3
239-199-189

0-12-25-0
253-231-198

②

4-22-40-0
244-209-159

0-65-50-10
222-113-98

45-75-79-0
158-87-65

④

24-13-4-16
180-190-207

9-20-20-0
234-211-199

0-65-50-10
222-113-98

③

48-20-18-0
144-180-197

0-65-50-10
222-113-98

32-8-42-0
186-209-164

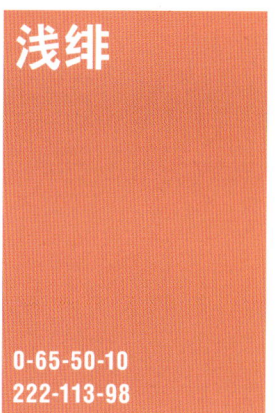

浅绯

0-65-50-10
222-113-98

生动

①
0-100-60-10　6-18-26-0　64-14-100-0
215-0-63　241-216-190　103-166-48

②
100-70-0-0　100-0-40-10　0-100-60-10
0-78-160　0-149-158　215-0-63

④
0-100-60-10　0-42-80-0　0-80-80-10
215-0-63　245-169-59　219-79-46

③
0-100-60-10　0-11-42-0　70-80-17-0
215-0-63　254-231-164　104-71-137

洋红
0-100-60-10
215-0-63

积极

①
0-0-70-20　0-80-85-0　60-20-0-0
223-211-86　234-85-41　101-169-221

②
0-80-85-0　48-86-47-0　7-46-50-0
234-85-41　152-65-98　232-160-121

④
0-80-85-0　0-27-90-0　61-0-24-0
234-85-41　251-197-18　90-192-200

③
40-0-80-0　0-80-85-0　0-40-80-0
170-207-82　234-85-41　246-173-60

朱红
0-80-85-0
234-85-41

热情

①
100-80-0-0　5-85-85-5　10-30-83-0
0-63-152　219-69-40　232-185-56

②
5-59-21-0　0-11-54-1　5-85-85-5
231-134-154　254-224-136　219-69-40

④
50-9-84-1　5-85-85-5　3-36-34-0
142-185-75　219-69-40　241-183-158

③
89-12-89-2　5-85-85-5　92-0-20-0
0-149-79　219-69-40　0-165-202

中国红
5-85-85-5
219-69-40

成熟

①
25-85-85-0　24-17-41-3　61-27-53-4
194-70-49　201-199-157　109-152-127

②
16-24-4-0　25-85-85-0　60-70-30-30
218-200-220　194-70-49　98-70-104

④
84-63-32-5　28-30-64-33　25-85-85-0
51-91-130　150-134-80　194-70-49

③
0-50-67-23　25-85-85-0　0-90-97-72
204-128-71　194-70-49　100-1-0

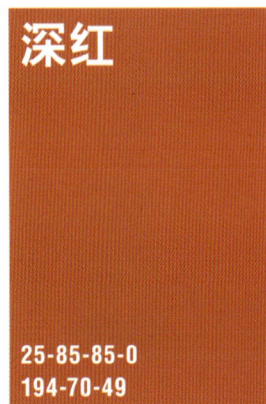

深红
25-85-85-0
194-70-49

①
0-100-49-30 · 20-35-55-0 · 36-91-82-31
181-0-62 · 211-173-120 · 137-39-39

②
17-65-90-0 · 10-25-35-0 · 0-100-49-30
211-114-40 · 231-199-167 · 181-0-62

④
25-70-55-0 · 0-100-49-30 · 31-80-0-58
195-103-96 · 181-0-62 · 103-31-84

③
0-100-49-30 · 65-37-20-0 · 90-90-30-20
181-0-62 · 99-141-175 · 47-45-102

高贵

酒红

0-100-49-30
181-0-62

①
14-66-36-30 · 9-30-65-31 · 60-100-80-30
170-89-99 · 182-146-78 · 102-25-44

②
90-25-85-20 · 60-100-80-30 · 82-48-39-0
0-119-71 · 102-25-44 · 43-115-138

④
69-70-30-19 · 14-25-37-39 · 60-100-80-30
90-76-115 · 168-147-123 · 102-25-44

③
67-41-58-25 · 60-100-80-30 · 0-100-31-48
82-109-94 · 102-25-44 · 149-0-61

坚强

浓酒红

60-100-80-30
102-25-44

①
20-100-50-0 · 6-36-26-0 · 0-80-60-0
199-8-82 · 238-194-178 · 234-84-80

②
20-100-50-0 · 0-15-67-0 · 80-34-13-0
199-8-82 · 254-220-102 · 4-135-186

④
67-85-22-0 · 0-50-90-0 · 20-100-50-0
111-63-127 · 243-152-29 · 199-8-82

③
90-90-30-20 · 20-100-50-0 · 41-100-79-20
47-45-102 · 199-8-82 · 143-23-47

富足

宝石红

20-100-50-0
199-8-82

①
15-60-30-15 · 13-13-36-0 · 24-13-4-16
194-115-127 · 228-218-174 · 180-190-207

②
15-60-30-15 · 7-15-19-3 · 18-53-71-27
194-115-127 · 235-218-203 · 172-113-63

④
0-35-40-10 · 15-60-30-15 · 39-17-56-0
231-175-140 · 194-115-127 · 171-188-130

③
15-60-30-15 · 53-88-100-0 · 30-36-5-11
194-115-127 · 143-63-43 · 174-156-188

古朴

枯红

15-60-30-15
194-115-127

力量

①

0-30-100-0　0-95-100-10　89-80-9-0
250-190-0　216-33-13　48-66-144

②

75-13-86-0　0-95-100-10　100-0-40-0
51-160-80　216-33-13　0-158-168

④

0-95-100-10　0-60-100-0　0-80-18-10
216-33-13　240-130-0　218-77-125

③

3-36-33-0　0-95-100-10　30-11-89-5
241-183-160　216-33-13　188-195-48

正红

0-95-100-10
216-33-13

和气

①

0-50-40-0　0-3-40-0　27-0-56-0
242-155-135　255-245-175　200-222-138

②

25-8-32-0　0-50-40-0　43-18-15-0
202-217-185　242-155-135　156-187-204

④

45-0-10-0　0-9-16-0　0-50-40-0
145-210-228　254-238-218　242-155-135

③

6-53-20-0　0-25-40-0　0-50-40-0
231-147-162　250-206-157　242-155-135

薄红

0-50-40-0
242-155-135

娇媚

①

0-55-30-0　0-15-40-1　0-60-100-0
240-145-145　252-223-165　240-130-0

②

9-75-30-9　0-55-30-0　62-17-40-20
208-89-118　240-145-145　87-147-139

④

10-10-60-10　0-55-30-0　50-15-57-14
220-207-115　240-145-145　128-165-118

③

33-6-37-0　0-55-30-0　64-9-27-14
184-212-176　240-145-145　77-163-172

浓粉

0-55-30-0
240-145-145

轻柔

①

0-20-10-0　3-36-20-3　0-19-28-0
250-219-217　237-181-180　251-219-187

②

0-20-10-0　30-44-9-0　14-13-32-0
250-219-217　187-153-187　226-218-182

④

21-17-4-16　29-2-14-0　0-20-10-0
186-187-204　191-224-224　250-219-217

③

37-0-29-0　0-20-10-0　4-33-6-0
172-217-195　250-219-217　240-192-208

浅粉

0-20-10-0
250-219-217

壁纸 & 纹样

PATTERN

第一节 常见室内装饰纹样

一、大马士革纹样

　　大马士革花纹来自于中西文明交汇的大马士革城，不仅因其古老高贵成为人世的天堂，它也是古代丝绸之路的中转站，长期受到东西方文明的碰撞和交汇。在受西方宗教营销下的大马士革城经过历史的沉淀和手工的雕琢，改革并升华了这种四方连续的花型图案，将其制作的更加的繁复、尊贵与高雅。

　　印有如此图案的美丽织物被大量出产，并销往古代西班牙、意大利、法国和英国等欧洲各地，很快就风靡于宫廷、皇室、教会等上层阶级，自然地被所有人冠以"Damask"的代称。千

年之后，大马士革图案已成为欧洲装饰艺术的经典图案之一，广泛应用于服装、布艺、建筑、绘画、包装等领域，昔日的艺术星火，今日已盛名远播、誉满天下。

　　大马士革花的盾型图案结构，又可指是一种纹样形式——"盾型花"。它源自于"文艺复兴"时的建筑装饰图案，经过发展与演变，现已成为最常见的一种纹样及图构形式。

采用欧洲文化丰富的艺术底蕴大马士革花纹，在宫廷华贵气质的基础上，添加了更丰富的色彩元素和凹凸感的压纹设计，将欧式风格的端庄与尊贵变得更加亲切，使全世界都能感受到家居环境的欧式尊贵情怀——"法式风格"。

大马士革花纹

文艺复兴花纹

在盾形纹样大马士革基础之上，巧妙的运用色彩的调和渐变，在彰显尊贵的同时，拉伸层高，使整个空间看起来明亮清新而又尊贵典雅——"新古典主义风格"。

花型上其运用自然清新的花朵、古典的卷叶纹理及写实描绘，通过或充满历史感的灰棕色系复古工艺，刻画出或清新或古典的景象——"洛可可风格"。

二、宝相花纹样

宝相花纹是一种汉族传统的陶瓷器装饰纹样，也是佛教艺术常用的一种图案纹样。"宝相"意思指的是佛祖的庄严之相。

宝相花纹将自然界花卉（主要是莲花）的花头作艺术处理，由盛开的花朵、花的瓣片、含苞欲放的花、花的蓓蕾和叶子等自然素材，按放射对称的规律重新组合而成的装饰花纹。使之图案化、程式化。以清净、纯洁、庄严、伟大为寓意。

宝相花纹的艺术形式和符号内涵的形成有着深厚的文化内涵，宝相花纹符号为现代家纺设计在当代社会环境下进行各项设计提供了本土艺术符号，同时也更好地拓展了宝相花的发展空间。宝相花纹的形成及大量作为装饰纹样的原因，从一个侧面反映出中国文化从唐到宋多元兼容向文化内敛的转变。在我国可以和龙、凤吉瑞图案相媲美的植物花卉图案就是宝相花图案。宝相花是我国古代传统的吉祥纹样，它是一种综合了各种花卉因素的想象性图案，所以宝相花是花却非花。其形式美与吉祥富贵、幸福圆满的象征意义更为紧密地结合在一起。

回纹勾边宝相花团

三、莨苕叶纹样

莨苕叶纹饰的起源：莨苕叶有着美丽的锯齿形叶子与优雅的姿态，它是生长在欧洲南部的地中海沿岸一种低矮的多年生草本植物，具有再生和复活的象征，因而被古希腊的艺术家和工匠们广泛应用于装饰艺术之中，是古代希腊、罗马卷草装饰的典型题材。从拜占庭风格、哥特式风格到文艺复兴风格，莨苕叶几乎是所有西洋风格艺术中最普遍的装饰主题，无论是梵蒂冈的枝状烛台，还是罗马的万神殿圆柱，以及巴黎圣母院的墙壁都将造型各异的莨苕叶纹饰刻于其上。它还是诸多卷草纹样的原始形，"罗马卷叶纹"就是莨苕叶形向两边连续延伸形成的。

据西方艺术史家李格尔在《风格问题》一书中对装饰艺术中的莨苕叶饰的起源的研究中考证——科林斯式柱头的装饰纹样就是"莨苕叶纹样"，其柱头上的莨苕叶纹被用作为花下的杯状环托。维特鲁威曾在他的书中记述了这样一个故事：当时，科林斯的一位少女去世后，悲伤的乳母把一个装有女孩生前宠物的篮子放在她的坟墓顶上，并在篮子上盖上一片瓦。这个篮子碰巧放在一棵莨苕的根上。春天到来，植物发芽了，由于瓦片阻止主茎向中间生长，茎叶便向外弯曲，在边缘形成旋涡形。当雕塑家卡利马科斯路过时，他从中获得灵感，把发芽的莨苕叶子当作"科林斯"柱头的范本。由此便确定了这一风格，并运用它自身恰当的少女般的对称性确定了科林斯柱式其他部分的比例。

雅典

　　帕特农神庙，雅典卫城主体建筑，为歌颂雅典战胜波斯侵略者的胜利而建。帕特农神庙是供奉雅典娜女神的最大神殿。此庙不仅规模最宏伟，坐落在卫城中央最高处，庙内还存放一尊黄金象牙镶嵌的全希腊最高大的雅典娜女神像。这座神庙历经两千多年的沧桑之变，如今庙顶已坍塌，雕像荡然无存，浮雕剥蚀严重，但从巍然屹立的柱廊中，还可以看出神庙当年的丰姿。

柯林斯柱

　　文艺复兴到现今盛行的三大柱式之一。

莨苕纹，在古代希腊装饰中主要用于建筑柱子的装饰，但是由于古希腊文明是西方文明的摇篮，随着时代的变迁以及文化的传承，莨苕叶纹饰也渐渐的成为了室内和家具设计常用的装饰图案。在拜占庭装饰艺术时期，装饰艺术中最常见的装饰元素就是繁缛波浪形莨苕卷须饰。在这个时期的家具设计中，这种豪华的卷须饰浮雕装饰随处可见。但其主要作为家具的界面装饰和家具腿部的设计。莨苕叶纹这种装饰元素所表达的富于生命力、韵律，节奏鲜明、活泼的文化意义，同样也蕴涵于拜占庭家具当中。

而在洛可可时期，不管是在室内装饰，还是在家具造型上，到处都可以见到凸起的莨苕叶形的主题，圆润的C形、S形和涡旋状莨苕叶纹饰蜿蜒反复。墙壁与天花板、墙壁与墙壁、家具的边角和接缝等分割线都巧妙地用纹饰隐蔽起来，尽量避免直线、直角的交叉和使用，角的部分都带圆味。这些莨苕叶纹饰运用了高明度，低纯度的色调，显得十分淡雅。同时，运用非对称的形式，呈现出富有动感的自由奔放而又纤细美丽、轻巧飘逸的样式。

莨苕叶纹在家具中的运用，在居室空间中曲线造型欧式纹样的综合搭配。

莨苕叶纹不仅具有的古典的、贵族的气息和它吉祥如意这一小部分的符号象征意义，而且还一直象征生命力、活力、愉悦精神的一面。

四、缠枝纹样

缠枝纹样是中国汉族传统装饰纹样的一种，又称"缠枝花"、"万寿藤"，一般说来它是藤蔓型卷草纹的延续和深化，其基本构成是使植物的枝茎成藤蔓状，骨骼呈曲线形或圆形分布，以波浪形、回转形或蜗旋形等枝茎样式进行扭转缠绕，并配以叶片、花朵或果实，其中花朵和果实为表现主题，而枝茎和叶片则为骨骼陪衬，故又具"生生不息"之意，寓意吉庆。

缠枝纹纹它是一种以藤蔓、卷草为基础提炼而成的汉族传统吉祥纹饰。缠枝纹所表现的"缠枝"，常常以常青藤、扶芳藤、紫藤、金银花、爬山虎、凌霄、葡萄等藤蔓植物为原型。这些植物本系吉祥花草，委婉多姿，生动优美，富有动感，故寓意生生不息，万代绵长的美好愿望，从而跻身于中国吉祥物，多为世人所赞咏。

五、折枝纹样

以折枝花鸟为题材，构成与周围纹样无连接关系的单独纹样，习称"折枝花纹"、"折枝果纹"或"折枝花果纹"，统称折枝纹。常见有折枝梅、折枝莲、折枝牡丹、折枝枇杷、折枝石榴、折枝荔枝等。

折枝纹在瓷器装饰绘画中多作为单独纹样，也有配合禽鸟组成的折枝花鸟纹。以一枝单独使用者较为多见，也有作连续式或交织式组合的。寓意指日可待，生生不息。

六、佩兹利纹样

佩兹利纹样作为世界公认的传统纹样，一直被沿用至今，有关佩兹利纹样原型的探究可以追溯到克什米尔地区。它是在克什米尔披肩纹样基础之上发展起来的。佩兹利纹样是特殊的，它诞生于古老的亚洲山区，却以英国纺织小镇佩兹利来命名；它是中亚地区传统的装饰纹样，却被欧洲人赋予了时尚的特质；在它身上，既存在着东西方文化的差异，又体现着这两种文化的交流与融合；既有着严谨的美的规律性，又充满了自由灵动的生命力。佩兹利纹样是一个连接东西方文化，在染织美术设计领域中长盛不衰的传统装饰纹样。

佩兹利纹样又称"火腿纹样"或"克什米尔纹样"。它的风格以其适合于表现古典、华贵的形式而备受推崇。是家用纺织品设计中古典风格的代表作。

从中亚及我国新疆地区传统的"巴旦姆"纹样，到我国江浙一带设计师口中的"火腿纹"，从日本视为"勾玉纹"到非洲的"芒果纹"，再到欧洲的"佩兹利涡旋纹"，人们以不同的方式诠释着他们心目中的纹样，使它具有了浓郁的民族风情，华丽亦或朴素的装饰风格，崇高亦或平安的装饰氛围，并且在这种种的称呼及形象背后，总会给人们带来殊途同源的相识之感。

● 佩兹利纹样起源 一

　　由于佩兹利图案很早就在西亚和欧洲流行，因此，国外许多专家认为其起源于土耳其。

● 佩兹利纹样起源 二

　　有书中提到由叶形变化而产生的"松果形花纹"，是古代巴比伦时代出现的装饰纹样。

　　巴比伦人认为："松树长出的果实象征着会给人们带来住房、衣服和食物，象征着丰收，所以将松树尊崇为生命之树"。而松果纹样就是佩兹利纹的雏形。

● 佩兹利纹样起源 三

　　菩提树是榕族榕属的大乔木植物，传说在 2000 多年前，佛祖释迦牟尼是在菩提树下修成正果的，在印度，无论是印度教、佛教还是耆那教都将菩提树视为"神圣之树"。政府更是对菩提树实施"国宝级"的保护。大乔木，叶先端骤尖，顶部延伸为尾状，尾尖长 2 ～ 5 厘米。

　　有人认为佩兹利纹样起源于印度对生命之树的信仰，而圣树菩提叶子的形状就与佩兹利纹造型极为相似。

● 佩兹利纹样起源 四

　　佩兹利纹发祥于克什米尔。人们以克什米尔当地出产的"巴旦杏"果树的内核为造型，创造出形似松果状的图案，因此又被称为"巴旦姆纹样"。不管这种形似松果状的纹样到底起源于何处何物，其真正引起人们注意的原因与克什米尔披肩密不可分。

Paisley 纹样简单的认知：最早出现在古巴比伦，随后传入印度，便在当地流行起来。于是便有了一种关于印度"生命之树"信仰的说法。伊斯兰教把这种纹样比作幸福美好的象征。

现如今最常被叫"佩兹利"，来自于 Paisley 的音译。最早的称呼其实叫做 Buta。具有细腻、繁复、华美的艺术特征。佩兹利图案最初由克什米尔人用提花和色织工艺表现在披肩的设计上，20 世纪初的苏格兰西南部的佩兹利城市发展了机器织造业，使该图案的披肩、头巾、围巾远销世界，佩兹利图案也因此得名。而佩兹利图案也有其形象的名称，如中国称为"火腿纹"，日本称为"勾玉纹"，非洲称为"腰果纹"等。

Paisley 可谓经久不衰，成为世界性图案，是最具有传统经典与现代时尚的两重特性的图案。Etro 创始人吉墨·艾特罗 (Gimmo Etro) 对这种神秘而迷人的图案大为钟情，并将它改良更新，为古老的佩兹利花纹注入了意大利式的华贵优雅，此后佩兹利印花被大量运用到了服装与家纺的产品设计中，成为了这个品牌的经典标识。

据说："当初拿破仑把印有佩兹利纹样的披肩送给约瑟芬时，她曾为之兴奋若狂。一条上等披肩的价格如同伦敦里的一栋房子的价格，如果谁能享用这种披肩就被视为高贵、富有甚至拥有权力。"

18 世纪中叶，Paisley 传入英国，经过英国人的改良，变得更加细腻、繁复、华美，具有古典主义气息。这使得其款式更为适合当地人的审美观，后来风靡欧洲，成为上流社会青睐的装饰元素，现在更是全球人最为熟悉的创作元素之一。

底纹上的竖条让古典的花型呈现出多变的光彩，打造出具有王者风范的居家空间。

古典的佩兹利纹样，同样以仿布纹的肌理来展现，细细欣赏每片树叶的布纹亦根据树叶的纹理进行变化，让人惊叹的精致细节，展现了皇家无与伦比的奢华细致生活。

Paisley 涡纹旋花纹的图案多来自菩提树叶或是海枣树叶，而这两种树具有"生命之树"的象征意义，具有一定的神话色彩。

无论时代如何改变，人们对佩兹利花纹的喜爱之情不溢言表，经过改良后的佩兹利更有着如水般的涤荡感受和东方神韵。

我们很难清晰地表达为何佩兹利纹样具有如此恒久的魅力，我们只是真实的看到，它跨越了东西方文化的差异，又表现着人类共同的审美情趣；它饱含岁月的经典，又充满着现代的气息；它改变着自身的某些东西，又坚持着滋生的某些东西，正是这样的特质，使它在流行中不仅仅是一个风向标，更以其古典或现代的美，或普遍或独特的样式，或民族味或国际化的风格，让人直观而又深刻的感受到深沉的文化底蕴。

七、莫里斯纹样

威廉·莫里斯，工艺美术家，是 19 世纪英国设计师、诗人、早期社会主义活动家及自学成才的工匠。他设计、监制或亲手制造的家具、纺织品、花窗玻璃、壁纸以及其他各类装饰品引发了工艺美术运动，一改维多利亚时代以来的流行品味。

莫里斯精美的图案设计，得力于他从少年时期对植物植物深入仔细的观察，19 世纪 60 年代中期莫里斯全力投入壁纸设计，称为的奠基人之一，最知名的如：棚架、雏菊与水果。棚架是莫里斯第一件壁纸设计。

以装饰性的植物题材作为主题纹样的居多，茎藤、叶属的曲线层次分解穿插，互借合理，排序紧密，具有强烈的装饰意味，可谓自然与形式统一的经典。

他在棉印织物、壁纸的图案设计以挂毯设计、刺绣等面皮设计领域、表现出独特的设计理念和思维。面对工业革命扑面而来的大趋势，他更加崇尚自然情怀，埋头创作，从大自然，从中世纪的传统中寻找灵感。

莫里斯壁纸给人一种复古的感受，表达中世纪的传统与严谨。

　　藤蔓植物的表达是莫里斯图案的精髓！用作现代家居里，
借以表达出一种遵循传统、不忘根本的信仰。

　　莫里斯纹强调实用性和美观性的结合，依然是倡导手工艺的方式，采用简单的哥特式和自然主义的装饰，表达无处不在的复古潮流。

八、波斯纹样

以自由的动、植物为题材，也有以伊斯兰教寺院为题材的，还有以表现狩猎场面和田园风光为题材的。

异彩纷呈的艺术效果，寓和谐与对比之中，形成了纹样精细、构图严谨、颜色丰富且协调的"波斯风格"。

在风格定位中，以纹样为基础，以整个空间软装物料元素为参考，我们才能得出最终的主体风格定位。

室内装饰以线板搭配、对称空间为主，空间配置有高大的壁炉、独立玄关、书房等等。地面则选用深色、拼花木地板为主，装饰品以古董、黄铜把手、水晶灯及青花瓷为重点，墙上采用的颜色较为丰富、且质感浓稠的油画作品。另外装饰布料使用锦缎、流苏及古典风格印花图案等，地板上铺设具有东方色彩的波斯地毯，或者印度图案的块毯，为整个空间增添软调舒适氛围。

九、友禅纹样

常常是各种花卉图案与几何图案同时出现，各种具象的、写实的与概括的图案同时并存，传统的日本纹织图案与中国唐代图案相结合。

日本人的印染技法——扎染、型染、绞染、云染、段染大多是从外国学习到的。只有友禅染是日本特有的染色技巧。友禅染色时，对水的品质要求很高。因为京都是名水之都，所以染成的布料，质量也特别好。友禅染透出来的是古代的那一种微妙的颜色。

在家纺中，运用屏风、墙布、窗帘、家具布等方面。

友禅和服（日本传统手工印染和服的一种）

禅宗是佛教与中国传统文化
相融合的产物。

中国禅宗美学的现象空观、顿悟和意境等审美思想，迎合了日本民族的审美情趣。友禅图案是日本传统而独特的一门艺术，鲜明地体现了日本民族的审美情趣。

友禅图案是主观的，唯美的视觉构成，是超现实的超空间的心理直感的表露，其起源和发展直接受到中国禅宗美学思想的影响和文化渗透。

| 蓝 | 胭脂 | 黄土 | 草 | 古代紫 |

加贺友禅有着令人沉静的写实风格，花草纹样为主绘画图案，相比京友禅则是流畅华美的连续组合纹样，这与加贺友禅来自武家文化，京友禅实为公家文化的背景不无关系。强调写实的加贺友禅，轮廓白线也较粗，着重于细节处效果的装饰，晕染自然，被惊蛰唤醒的昆虫蛀蚀花草的技法，栩栩如生。加贺友禅起源自约 500 年前，可追溯到古时加贺国的"梅染"技法，

色绘技法确立后被认为是加贺友禅的原点。友禅斋将京友禅的技术与加贺固有技术相结合，成为后世加贺友禅的基础。表现自然之美尤为讨巧，细致描绘花草叶茎，流水波纹，装饰性极强仿若立体浮现。加贺百万石的武家文化濡染下，诞生出人间国宝"木村雨山"这样的大家名工。

十、回形纹样

回纹的前身：原始纹饰云雷云雷纹是青铜器、陶瓷器上一种原始纹饰，图案呈圆弧形卷曲或方折的回旋线条，以连续的"回"字形线条所构成。有的作圆形的连续构图，单称为"云纹"；有的作方形的连续构图，单称为"雷纹"。云雷纹是两者的统称。云雷纹多作烘托主题纹饰的地纹，也有单独出现在器物颈部或足部的，有拍印、压印、刻划、彩绘等表现技法。在粤系的铜鼓上，云雷纹是作为主导纹饰应用的，常见密布于鼓面中心太阳纹的周围，象征太阳与云雷共存于天际，这是南方民族对云雷崇拜的一种反映。

回纹——瓷器的一种辅助纹样，因纹样如"回"字，故名。

有单体，一正一反，相连成对和连续不断的带状形等，多于妆饰器物口部或颈部。宋代吉州窑、定窑、耀州窑、磁州窑等广泛采用，元明清沿用。传统寓意纹样，由陶器和青铜器上的雷纹衍化而来的几何纹样，寓意吉利深长，苏州民间称之为"富贵不断头"。回纹图案在明清的织绣、地毯、木雕、瓷器和建筑装饰上到处可见，主要用作边饰或底纹，富有整齐、划一而丰富的效果。织锦纹样中有把回纹以四方连续组合的，俗称为"回回锦"。

补充：瓷器装饰的一种传统纹样，因纹样如"回"字而得名。线条作方折形卷曲，回纹与雷纹同源同义，也是雷纹形象的一种，有单体间断排列的，有作一正一反相连成对的，俗称"对对回纹"，也有连续不断的带状形等。

亦有"古希腊回形纹"可做研究。

十一、朱伊纹样

朱伊图案是法国传统印花布图案，法国注册图案，注册的法语名为 toile de Jouy。特点其一是以风景为母题的人与自然的情景描绘，其二是以椭圆形、菱形、多边形、圆形构成各自区域性的中心，然后在区划之内配置人物、动物、神话等古典主义风格具有浮雕效果感的规则性散点排列形式的图案。前者随意穿插，依势而就，后者严谨凝重，排列有序。

朱伊图案源于 18 世纪晚期，德籍年轻人克里斯多夫·菲利普·奥贝尔康普 (Philip Christopher Oberkampf) 在巴黎郊外的朱伊 (Jouy) 小镇开设印染厂，生产本色棉或麻布上木版及铜版的印染图案面料，流行于当年的宫廷内外，并受到路易十六的"王室厂家"的嘉奖，被称赞为"在印花图案历史上熠熠闪光"。

朱伊图案层次分明，造型逼真、形象繁多、刻画精细，并以正向图形表现，是最具绘画情节感的面料图案之一。色调以单色为特色，最常用的有深蓝、深红、深绿、深米色，分别印在本色匹布上，形成图案。统一的套色和手法使复杂的图形设计极具协调感，形色间呈现出人间古朴而浪漫的气息，是绘画艺术和实用艺术结合的艺术典范。

十二、动物纹样

动物纹是动物皮毛上的纹路，是动物与生俱来的纹路，动物纹既是一种动物的标志，用于区别其他动物；又是动物的一种伪装，用于保存自己。动物纹被人类所应用，出现许多动物纹织物和动物纹用品。

动物纹样在居室中，我们可以分为两种：一种是动物皮毛纹样的选择和色彩的搭配。另一种是动物形体本身的一种情感表达。

在当今环保风的吹动下，时装设计师引入环保元素，纷纷采用动物纹时装。最初兴起的动物纹是还原最本真的动物纹理为原则，开始时有金钱豹纹、斑马纹，其后出现奶牛纹，近年来还出现了蟒蛇纹。现在的动物纹采用了夸张的手法，有彩色豹纹、变异斑马纹、异域皮纹，并采用高亮度彩色。使用动物纹样可以打造时尚奢华中带有自然气息或者狂野之美的空间。

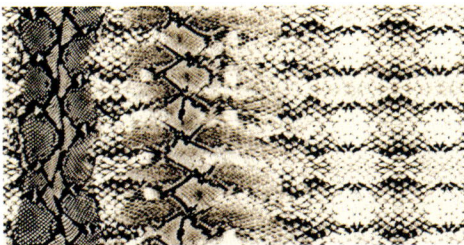

青龙

朱雀

玄武

白虎

十三、四神纹样

　　四神纹中的四神为青龙、白虎、朱雀、玄武，是古代人想象出来当做神来敬仰的四种鸟兽形象。四神不仅代表四个方位，还代表前后左右。由四神组成的图案叫"四神纹"。在现代设计中融入四神纹这一极具代表性的精神元素，会使设计出的作品更加具有文化性与审美性。四神纹蕴含着深厚的道家思想，并被道教文化赋予了神力，成为古代人民的保护神。从四神纹的文化内涵、审美价值，表现出四神纹在中国现代设计中的价值及运用。

十四、热带印花

热带印花元素：金刚鹦鹉、棕榈叶、热带雨林自然植物。

此纹样象征着胜利、希望和荣誉。

十五、浪漫花卉

浪漫美丽的花卉是自然界中最幸福唯美的存在，在居室中使用浪漫花卉纹样装饰，瞬间会提升空间的温馨度，浪漫花卉适合用于卧室或者个人空间。

十六、几何纹样

几何纹样，是以几何为母题的图案，不同的几何图像，作为审美对象，对于具有一定审美能力的人来说，具有不同的意义和韵味。几何纹样因其单纯、明朗、富于装饰性的特征，从远古至今就非常收到人们的喜爱。不同时代、不同区域、不同民族、不同文化都赋予了几何纹样不同的内涵和个性。以直线分割的线、块、面图形，刚毅俊逸，以弧线作为架构的图形柔和优雅。应用点、线、面和直线、弧线作为构架的图形图案变化丰富多样。现在几何纹样的设计更是个性大胆，更加符合了现代人的审美，满足了不同人们凸显自我的个性需求。几何形图案不一定就是现代简约的应用，在我国古代，四方八位一直是图形构成的基本规矩，而其中应用的几何图案做的图形图像处理也是非常多变，例如几何图案应用的八卦、窗花、米字格花纹、九宫格等。因此，就图案而言，只有结合材质、造型和不同的表现手法，我们才能定位是什么格调和风格的空间需求图案。

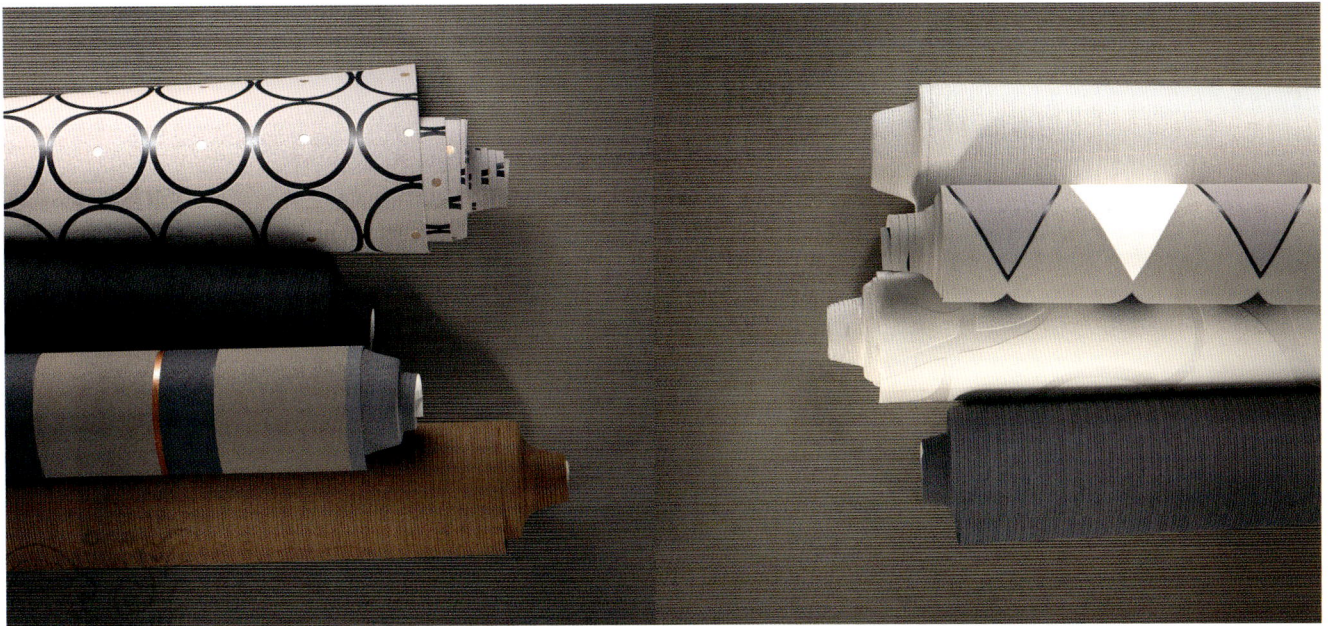

十七、水纹纹样

　　水波纹，即"水纹"，又称"波浪纹"、"波状纹"等，大致可以分为：波浪纹（水波纹）、浪花纹、漩涡纹（水涡纹）三种。人们在海洋河流中，抽出这些自然形中盘旋的线条，创造出图案，是一种传统的陶瓷器装饰纹样，形似水流动的形态，如"海水纹"或"海涛纹"。着意表现水的漩涡的，习惯上称作"漩纹"或"漩涡纹"。"漩涡纹"古今中外，人们一直普遍运用。不难看出，人们喜爱其流动、盘旋之姿，喜爱它有规律、有变化的结构，喜爱它的生生不息、平凡而又神秘莫测的寓意。

　　"涡旋纹"是永恒的代表。

十八、云纹纹样

云纹较为优美，如"如意"状称"祥云"，形态似飞鸟如"瑞雀"，是古代吉祥图案，象征高升和如意，应用较广。有"如意云"和"四合云"等多种。云的形状多种多样，面目变化无常，色彩丰富多彩。人们把美丽的彩霞称为：庆云、卿云、瑞云、祥云。后期又与如意和灵芝相结合，创造出："如意祥云"云纹经过几千年的发展演变，云纹图案得到不断的丰富，每个历史时期的云纹样式，都融人各自时代因素的不同风貌。

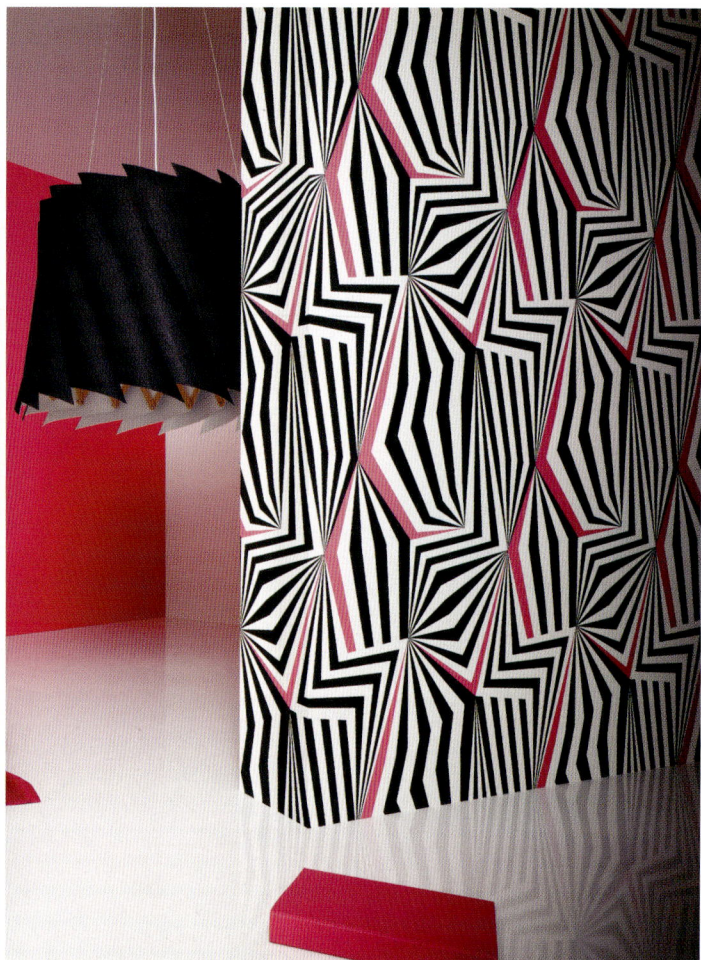

十九、科技纹样

科技纹其实更加注重的就是材质、工艺。在纹样表达上，我们可以感受到高科技的现代和未来感。这种纹样没有具体的纹样形态，我们可以根据具体空间风格、格调的需要选择，但是在整个空间中，我们唯一需要的就是未来科技感和时尚尊贵感。

第二节 常见装饰纹样结构

一、满地结构

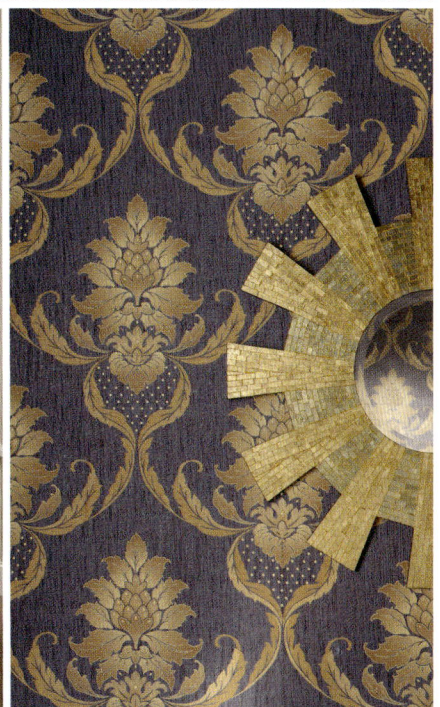

二、散点结构

三、条纹结构

四、团花结构

五、格纹结构

壁纸 & 风格

STYLE

第一节 室内风格的流行变迁

就像大多数说和写的文字一样，室内设计的语言时常在变，新的观念和现象需要新的文字和新的风格，虽然室内设计的语言没有像服装设计、产品设计等变得那么快，但是我们明显地感觉到它的演变周期越来越短，几十年就有风格，几年就有时尚。

自古以来，人类总是在不断地改善着自己的生存条件，在室内设计的风格演进中出现了许多经典的样式和流派。样式是社会文化的表现，在室内是通过装修、陈设这些载体所反映的文化思潮和审美意识来体现的，它具有强烈的文化特征、地域民俗特点和历史特征。

流派是潮流的弄潮儿，带动潮流。潮流的此起彼伏必然会促进社会的文化交流和繁荣，增加商机，增加社会活力。所以室内设计的风格除了基础的自然地理环境之外还与社会的政治、经济、宗教、文化、科技等有着密切的关系。流行：迅速传播或盛行一时。流：液体移动。行：走动。风格：指一种精神风貌和格调，通过造型语言表现出的艺术品格和风度。风：从字面上可以理解为风气、风俗、风度、仪态、风景、风光等。格：是指一定的标准和样式、人格、性格和风格通过品质、风度来表现。

一、流行与时代

在历史上某些时期室内设计的风格改变，也是人们在社会中的角色和自我概念在改变。

风格的流行变迁不是无理和反复无常的，而是在深奥的社会和文化改革中一种看得到的症候。

● 室内设计的浪漫革命

室内设计的风格是从建筑中来的，建筑的风格是有阶段性的。浪漫主义建筑在英国出现得最早，也表现得最彻底，这和英国的资产阶级社会成熟得最早有关。整个欧洲的资本主义原始积累进行得很快，资产阶级的科学和哲学思想对艺术和建筑发生过很大的影响。18 世纪六十年代到 19 世纪三十年代是浪漫主义建筑的早期，或者叫做先浪漫主义时期，先浪漫主义时期反映的是濒临灭亡的封建贵族的黄昏情绪。从 19 世纪三十年代到七十年代，是浪漫主义的第二个阶段，是浪漫主义真正成为一种创作潮流的时期。浪漫主义的一些建筑师的思想反映了资产阶级的"自由经济"，他们要求表现个人，表现激情，反对权威和教条。

18 世纪上半叶，建筑的装饰风格有很多，洛可可风格主要是室内装饰的一种风格。洛可可风格由于融汇了自然主义色彩，形成为一种极端纯粹的浪漫主义形式。在室内墙上大量嵌镜子，挂晶体玻璃吊灯，陈设着瓷器，还特别喜好在大镜子前面安装烛台。壁炉采用磨光大理石，并且在家具上镶螺纹，爱用娇艳的色彩，如粉红、猩红、绿色等，脚线大多是金色，天花板上涂天蓝色，画着白云，并喜欢闪烁的光泽。

18 世纪中叶，建筑的风格趋向简洁、古朴、庄严。在室内，洛可可式的卷草不见了，纠缠不清的装饰母题和手法也不见了。金色用得比较少了，白色、米黄色和深绿色成了最流行的颜色，虽然抛弃了洛可可的柔靡，但是仍然保持着精致和典雅。

维多利亚风格是欧洲和美国在 19 世纪曾经一度盛行的室内装饰风格，因为英国女皇维多利亚 (1837 ～ 1901) 在位近一个世纪，因此历史上称这个时代为"维多利亚时代"，这个时代盛行的室内装饰风格称为"维多利亚风格"。准确地说，它不是一种统一的风格，而是各种欧洲古典风格折衷混合的结果，这种风格的流行，代表了新生的资产阶级企图利用繁琐、华贵的设计来炫耀自己的财富的欲望。它的实质是古典折衷主义，表现出一种高度繁琐的装饰特征，具有明显的违反功能第一的倾向。

●室内设计的技术革命

人类由于技术的进步而获得了与自然斗争的巨大力量。在石器时代之前，一直是天然材料的使用。原始人用火、泥、土天然材料创造出来了陶，用陶制成陶罐装水，或架在火上煮食，这也使得人类以此为契机，创造了人类早期文明——彩陶文化，从出土的文物可以看出其大多数造型美观，图形单纯，色彩鲜艳，装饰性强，在围合的洞穴中，这些生活用品点缀着、装饰着空间，给枯燥的生活带来了情趣。原始时期，人类技术史上的一件大事是金属的发现和使用，使得青铜手工业非常发达，青铜工艺品精巧的雕饰极为富丽，给人类留下了许多宝贵的艺术珍品。

资本主义生产的需要，促进了科学技术的发展。蒸汽机、火车、轮船，以及随后发明的电灯、电话、汽车、飞机，完全改变了人类生存的物质生活环境，从而创造了一个崭新的空间。由于生产的进步，新的建筑材料，例如铁、玻璃、水泥等等的应用。特别是19世纪中叶，工业革命后机器化大生产带来了批量生产，机器可以大量地模仿和复制，使商品竞争加剧，成为现代设计运动的契机，逐步酝酿出新的室内设计风格——现代设计风格。

现代设计风格从历史进程演变来看，可以分两个主要阶段。一为成长时期（1917～1939年）；二为演变时期（1949～1966年）。1917年由蒙特里安·杜斯博格在荷兰掀起的"风格派"，"风格派"追求一种终极的、纯粹的实在，追求以长和方为基本母题的几何体，把色彩还原成三原色，界面变成直角，光滑、无花饰，用抽象的比例和构成代表绝对、永恒的客观实际。1919年由格罗皮乌斯在德国展开的"包豪斯"，致力于艺术与生活的结合，艺术与科学的统一，两者成为开拓现代设计风格的主流，以机能主义为本质，以理性的新造型为表现的现代设计风格开始形成。

二次世界大战结束后，社会生产力复苏，科技飞跃发展，西方国家在四十年代末和五十年代初，小体积的空调机开始普及，为室内冷热环境设计提供了新的条件，影响到室内空间的布局和尺寸，在大空间中使用平整的吊顶，弱化了顶棚的造型变化，突出了平面布置。平顶的广泛使用，顶灯也可嵌入平顶之中，成为室内造型明显特征。在五十年代，塑料工业的迅速发展，它具有模塑成型的独特表现特点，材质肌理也便于模仿，为室内装修材质的选用提供了方便。

20世纪后期，高技派随着科技的不断发展而发展起来，它的设计特点是内部构造外翻，显示出内部构造和管道线路，无论是内立面还是外立面，都把本应隐藏起来的服务设计、结构构造显露出来，强调工业技术特征。巴黎的蓬皮杜国家艺术与文化中心是高技派典型的代表作品。在室内设计中喜欢采用透明的玻璃、半透明的金属网、格子等来分隔空间，形成室内层层叠叠的空间效果。室内的局部或管道常常涂上红、绿、黄、蓝等鲜艳的颜色，用来丰富空间效果，增加室内的现代感。

世界进入后工业社会和信息社会，人类面临生态危机，生存危机，人与环境的矛盾越来越突出，设计既给人创造了新环境，又破坏了原有的自然环境。人类已经开设运用高新技术，探寻人类生存、生产和生活空间可持续发展的模式，提出了"绿色设计"。开始在室内装修装饰上尽量减少能源、资源的消耗，考虑和开发资源和材料的再生利用，在空间组织、装修设计、陈设艺术中尽量多地利用自然元素和天然材质，追求最精粹的功能与结构形式，降低成本、减少消耗、降低施工中粉尘、噪音、废气废水对环境的破坏和污染，不搞过度装饰，减少视觉污染。绿色植物成为室内主题，植物通过光合作用吸收二氧化碳，释放出氧气，不仅可以调节室内的空气，而且可以让室内富有生机和活力，动感和魅力。绿色室内设计在于巧妙利用太阳能及各种自然的能源。

WEB DESIGN

PAGE SHOW

●室内设计的信息时代

　　家庭办公、网上购物、虚拟现实技术、数字化与智能化、电子产生将可被穿在身上或咽下、植入体内等等，所有这些都将使我们固有的观念产品革命性的变化，而形成一种全新的设计观念。智能化室内设计已经出现，数字化智能设计的虚拟，有对实有事物的虚拟，即对象性的虚拟，或现实性的虚拟；有对现实超越性的虚拟，即对可能性和可能性空间事物的虚拟；有对现实背离的虚拟，即对现实的不可能的虚拟，大大开拓了人的选择空间。

　　智能化室内设计的另一方面，表现在智能化系统即空调卫生、电力照明、输送管理等环境能源智能管理。防火、防盗的保安智能管理以及租金管理、护养管理等物业智能管理系统的功能设置，包括安全监控、门禁管理、安防报警、三表出户、有限电线、设备监控、一卡通、电子大屏幕、背景音乐、信息服务等。舒适健康的室内环境，具备高度的安全性，具有良好的通讯功能，包括语言、文字、图像的传输，智能化室内空间自动控温、调湿、调节灯光亮度、自动控制炊事用具，坐在室内进行网上咨询、购物等。

　　经济繁荣的信息时代，多元的文化取向、多元的价值观、多元的选择是信息时代室内设计众多的风格存在的依据和理由，也是室内设计的一种潮流，多种风格与流派互相依存共同发展，形成多元化的室内设计。新落成的上海科技馆与正在兴建的中国大剧院就是风格迥然不同的例证。

IOS APP

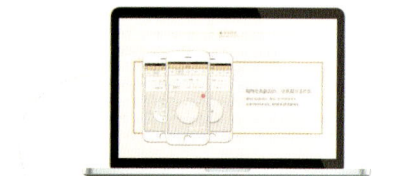

COLOR
SETTING

ICON
SETTING

THANKS FOR WATCHING

二、对当代室内设计的流行趋势的思考

当代室内设计的流行趋势同当代建筑美学思想息息相关，它的发展深受社会思想、文化、经济及科技以及艺术蜕变、演进的影响，这是由于建筑设计所牵涉到的广泛而复杂的科技与文化内容所决定的，同时也是由当代美学独特的历史境遇所决定的。

新古典主义是一种执着于文化传统的寻根倾向，一种向主流文化回归的艺术倾向，是经典性的文化母性寻找创新的力量；新地方主义则是一种执着于一种地域性的非主流的文化倾向，是向非经典的地缘文化寻找到新的力量。新地方主义作为一种富有当代性的创作倾向或流派，其实来源于传统的地方主义或乡土主义，在室内设计中的一种独特方言、一种民族或民间风格，表现了亲缘文化或本土文化的特征。

乡土风格兴起原因是由于工业大生产造成的社会环境影响产生的。随着商品市场的国际化，文化的地域性和乡土性渐渐陷入了困境。在建筑领域，现代主义的同化作用使许多地方所谓的民族风格和地方特性，传统的价值体系与审美观念，在现代主义的浪潮冲击下逐渐废退。城市的文化风尚价值体系，生态环境的不断恶化以及由此产生的人与人、人与自然的隔膜，迫使人们迫切的希望离开城市，回归自然、回归乡野。

正是在这种背景下，作为一支反现代主义生力军的新乡土主义在 20 世纪六十年代倏然崛起，从高迪、阿尔托到当代的马里奥·博塔，将乡土主义的地域语言、民俗民风描绘的淋漓尽致。乡土建筑通过对体量的组合与空间的变化，以及传统地方主义情思与现代工业文明的巧妙融合与运用，在功能、材料、装饰与文化表征的结合与表现方面对其进行了亲切而率真的全新诠释。

任何时期的文化和美学变革总是以某一具体领域复杂的变革为先导，当代建筑进入新的历史境遇自然成为社会结构转型形成的社会动荡息息相关，首先，二次大战后，西方社会存在的严重的社会问题和矛盾引发了西方人强烈的反抗情绪，他们比任何时期都更深切的感到自我意识和价值标准全然失落，主体尊严和个人价值的失落、怀疑、失望、焦虑、愤懑已成为一种时代症候，这种积聚已久的不满，一切在人们看来反常、丑陋、错位甚至恶心的自我为核心的反叛行为堂而皇之的成为当代社会文化和价值传统抗争的旗帜。因此引发的波普艺术、偶发艺术、装置艺术等"文化副食"作为当代最为病态性的标志，给艺术领域输入一股堕落颓废、自我麻醉、自娱自乐的消极情绪；然而另一方面，它以一种特有的方式使当代建筑艺术一改往日，生机勃发。正当正统的批评家在诅咒当代艺术和美学的时候，仍然有众多的评论者在对建筑进行建设性批判的同时大力倡导和支持它。这种怀疑批判的"非"、"反"精神促进了当代建筑审美方式的改变，使人们清楚的认识到，建筑的魅力并不一定是完整的、完美的，有时也存在与零碎和狂怪之中，甚至丑陋与堕落之中，建筑的造型，结构和空间布局给人以美的享受的同时，它所蕴涵的精神内质，所赋诸与心灵的内在性更加具有持久的生命力。

冈布里奇说：审美疲惫正在广为流行⋯⋯我们的文化是以"新"为饲料的，然后尽可能快的厌倦旧的新奇。有的时候，一种病态发作的形式以一种野性的恶毒面貌出现时，会对室内设计的发展起一种消极作用，但更多的时候却会表现出一种积极的作用。"没有反叛就没有超越"，无论室内设计作为一门艺术也罢，非艺术也罢，它将不断的进行反思和批判，不断的进行自我蜕变。

综上所述，室内设计的风格是多元化的，在不同的阶段有着不同的流行趋势，室内设计的风格与流行显示了人类精神领域中审美的、伦理的和文化的复杂性和多样性，他们是当代室内设计活力与魅力的源泉。

第二节 风格体系的基础认知

一、地域空间横向认知

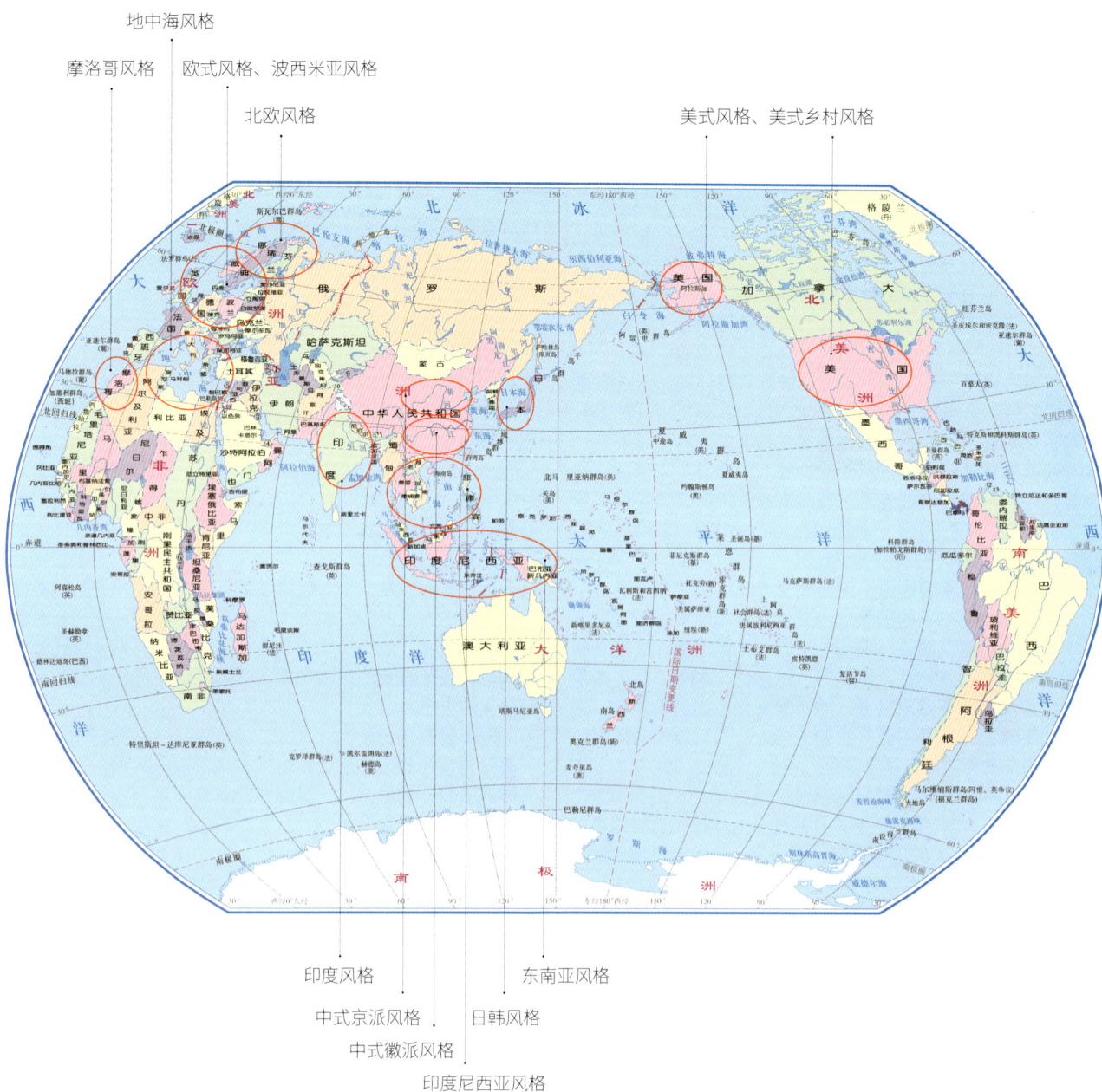

地中海风格

摩洛哥风格　　　欧式风格、波西米亚风格

北欧风格

美式风格、美式乡村风格

印度风格　　　　东南亚风格

中式京派风格　　日韩风格

中式徽派风格

印度尼西亚风格

二、历史空间纵向认知

古埃及时期（公元前 3000 年～公元前 332 年）

古希腊与罗马时期（公元前 600 年～公元 325 年）

文艺复兴时期（公元 1400 年～公元 1600 年）

哥特式时期：

	英国	法国	德国	美国
1550 年	伊丽莎白一世	文艺复兴时期	文艺复兴时期	哥特式
1620 年	詹姆士一世	路易十三时期	文艺复兴时期	哥特式

巴洛克时期：

1625 年	克伦威尔	路易十三时期	文艺复兴时期	巴洛克时期
1650 年	英联邦	路易十四时期	巴洛克时期	朝圣移民时期
1690 年	威廉玛丽时期	路易十四时期	巴洛克时期	早期移民主义
1715 年	安妮女王时期	摄政时期	巴洛克时期	威廉玛丽风格

洛可可时期：

1725 年	安妮女王时期	路易十五时期	巴洛克时期	威廉玛丽风格
1750 年	齐本戴尔式	路易十五时期	洛可可时期	齐本戴尔式

新古典主义时期：

1760 年	齐本戴尔式	路易十五时期	新古典主义	齐本戴尔式
1795 年	谢拉顿式	执政内阁时期	新古典主义	赫伯怀特式

折中主义风格 & 浪漫主义时期：

1830 年	摄政时期	路易菲利普时期	彼德迈雅时期	联邦晚期
1860 年	维多利亚晚期	第二帝国时期	摄政时期	维多利亚晚期

艺术与工艺运动时期：

1880 年	艺术与工艺运动时期	第三帝国时期	青年风格	艺术与工艺运动时期

新艺术运动（1900 年）

现代艺术与装饰艺术风格（1930 年）

后现代主义风格（20 世纪 60 年代）

第三节 室内常见装饰风格

一、西方系统

（一）巴洛克风格

● 巴洛克风格—建筑特点

巴洛克建筑是 17~18 世纪在意大利文艺复兴建筑基础上发展起来的一种建筑和装饰风格。

两个突出特点：1. 动势感。外形自由，追求动态，喜好富丽的装饰和雕刻、强烈的色彩，常用穿插的曲面和椭圆形空间。2. 建筑、雕塑、绘画相融合，形成庄严豪华、富丽堂皇的效果。建筑物在某种程度上就是一尊大型雕塑。强调不规则的空间感是巴洛克建筑特有的审美情趣。

巴洛克风格打破了对古罗马建筑理论家维特鲁威的盲目崇拜，也冲破了文艺复兴晚期古典主义者制定的种种清规戒律，反映了向往自由的世俗思想

巴洛克一词的由来：1. 葡萄牙文，意为"不规则的珍珠"。2. 意大利语，意为"荒谬的思想"。一开始主要针对 17 世纪意大利的建筑风格而言，当时并没有明确的艺术风格，只是一种爱好和时尚。

路易十四

　　法国自 16 世纪取代意大利成为欧洲文艺复兴运动的中心之后，就一直是欧洲的文化艺术中心和时尚生活中心。即使是在军事家拿破仑统治法国时期，也未改变这一点。优雅时尚的生活方式和绚丽多彩的文化艺术一样，历来是法国的骄傲。

　　法国的时尚生活方式表现在建筑、室内装饰、家具和装饰品、服饰和饮食等诸多方面。许多年来，无论是欧洲大陆国家，还是隔海相望的英伦三岛，甚至是美洲诸国，都无一例外地受到法国时尚生活方式的巨大影响。以致在人们心目中形成了法国的就是贵族的，就是时尚的，就是高雅的这样一种概念。

　　法国时尚生活方式的一个重要组成部分，是法国历代能工巧匠创造的各式精美家具和精美雕刻，以及繁复尊贵的花纹图案设计。法国在历史上不仅是"巴洛克"、"洛可可"、"新古典主义"等各种风格的最主要生产地，而且在两次世界大战中也是反传统的"装饰艺术运动"风格的主要产地。

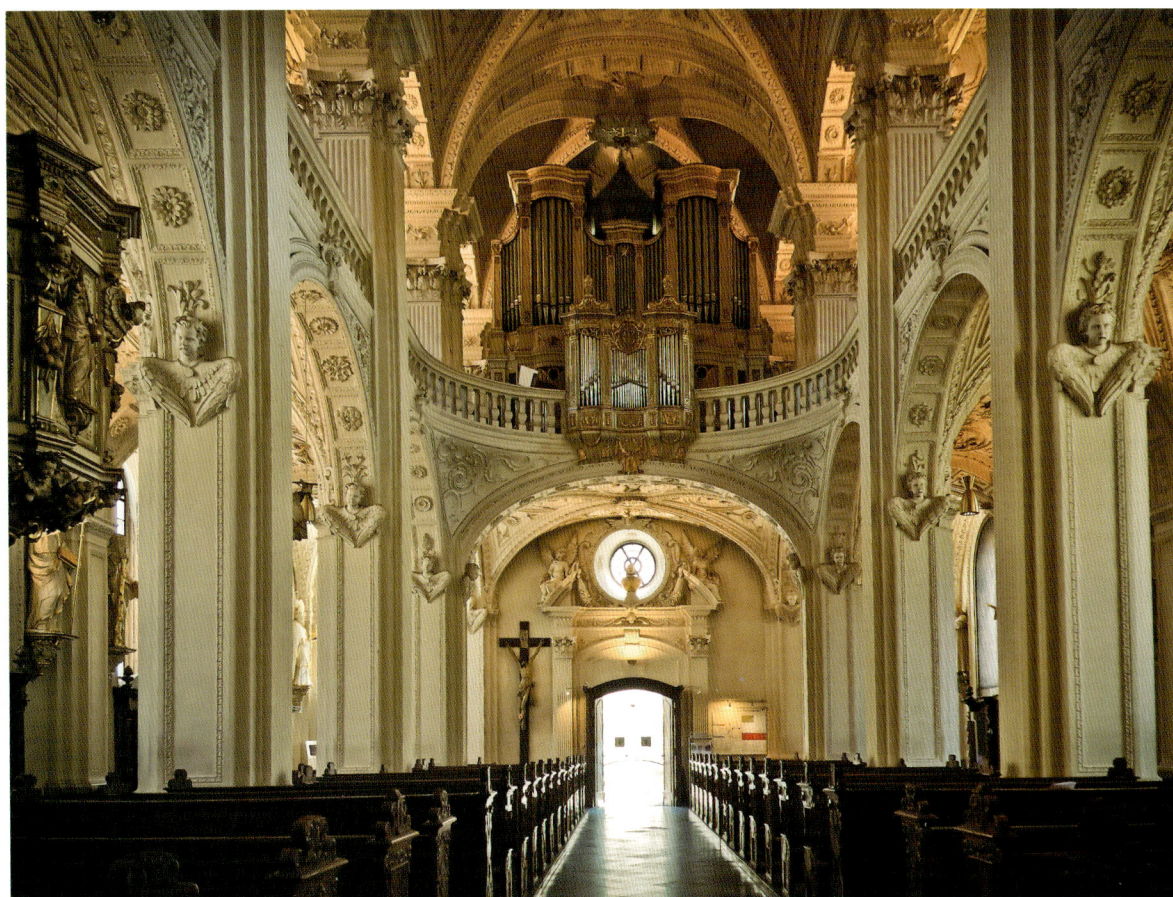

● 巴洛克式建筑 (Baroque Architecture)

巴洛克建筑是 17~18 世纪在意大利文艺复兴建筑基础上发展起来的一种建筑和装饰风格。

这个时期的建筑突破了欧洲古典的、文艺复兴的和后来古典主义的"常规"，所以被称为"巴洛克"式建筑。"巴洛克"Baroque，原意是畸形的珍珠，是法国古典主义理论家对这个时期的建筑的轻蔑的称呼。

主要特色：

第一，炫耀财富；

第二，追求新奇；

第三，趋向自然；

第四，城市和建筑，常有一种庄严、隆重、刚劲有力，然而又欢乐的兴致勃勃的氛围。

14~15 世纪——资本主义萌芽时期：

代表作——佛罗伦萨主教堂

15~16 世纪——文艺复兴全盛时期：

代表作——育婴院、坦比哀多、圣马可广场、维晋寨的巴西利卡、圣彼德大教堂

17 世纪——巴洛克时期：

代表作——耶稣会教堂、圣彼得大教堂广场

相当于中国清（金）王朝的早、中时期：清王朝—1636 年—1911 年

社会背景：

16 世纪——封建宗教势力反扑和镇压后，文艺复兴运动的基础削弱，人文主义及及可危。

17 世纪——教皇推行反改革运动，教廷人财物兴旺，巴洛克艺术和建筑应运而生。

四泉圣卡罗教堂 (1638 ～ 1641 年) 面积不大，但是建筑的动态效果形态塑造方面达到了较高的成就，具有极强的视觉的效果，成为巴洛克时期教堂建筑的巅峰之作。

罗马的四泉圣卡罗教堂
——波洛米尼

历史分期

1.16 世纪末~17 世纪初：前期巴洛克，以罗马耶稣会教堂为蓝本，确定巴洛克趋向。

2.17 世纪 30 年代~17 世纪末：后期巴洛克，更加复杂，类型增多。大量建造小型的社区小教堂。教堂成为纪念物和装饰品，采用集中式平面。

●巴洛克教堂的兴建

社会背景：

宗教与现实有了密切联系

在中小型为主的教堂中投入了感情因素

建筑和艺术处理多样化，追求自由表现

三大特征：

炫耀财富、装饰豪华、色彩艳丽

追求新奇、运用曲线、寻求动感、装饰自由

作为小品建筑在设计中独具匠心

壁画和雕塑：

延伸扩大空间、色彩对比明亮、构图拥挤、动态剧烈、突破建筑面体界限、石雕模仿实物质感

代表作品：

维尼奥拉设计的耶稣会教堂、波洛米尼设计的圣卡罗教堂，地域范围发源于意大利的罗马，后传播到天主教国家，如西班牙、奥地利和德意志南部，影响整个欧洲。

教堂中形式新异的表现：

第一，节奏不规律的跳跃；

第二，突出垂直划分，断折水平构件；

第三，追求强烈的体积和光影变化；

第四，有意制造反常出奇的新形式；

第五，制造建筑的动态，不稳定，空间流动。

罗马耶稣会教堂是早期巴洛克建筑的代表。

平面：矩形的巴西利卡式

侧廊改为间小礼拜室

立面构图创新：成对的壁柱

巨大的涡卷

套叠的山花

凹凸的额枋

徽章形装饰

盲窗雕塑

罗马的耶稣会教堂
——维尼奥拉

十七世纪欧洲强权扩张，掠夺海外殖民地累聚巨富，生活上提倡豪华享受，因此对建筑、音乐、美术也要求豪华生动、富于热情的情调。

十七世纪欧洲有新旧教的权力之争。教会财富聚增，势力强大，利用艺术思想形态——巴洛克，去迷惑、征服人心。巴洛克艺术虽不是宗教发明的，但为教会服务，被宗教利用，教会是它最强有力的支柱。

巴洛克艺术不排斥异端的感官喜悦，忠实于基督教的世界观，是"基督教化的文艺复兴"。

"威尼斯面具"独特的巴洛克风格华丽装饰设计

巴洛克浪漫主义元素时尚应用

巴洛克风格的极致奢华与性感

巴洛克风格的先驱——米开朗基罗

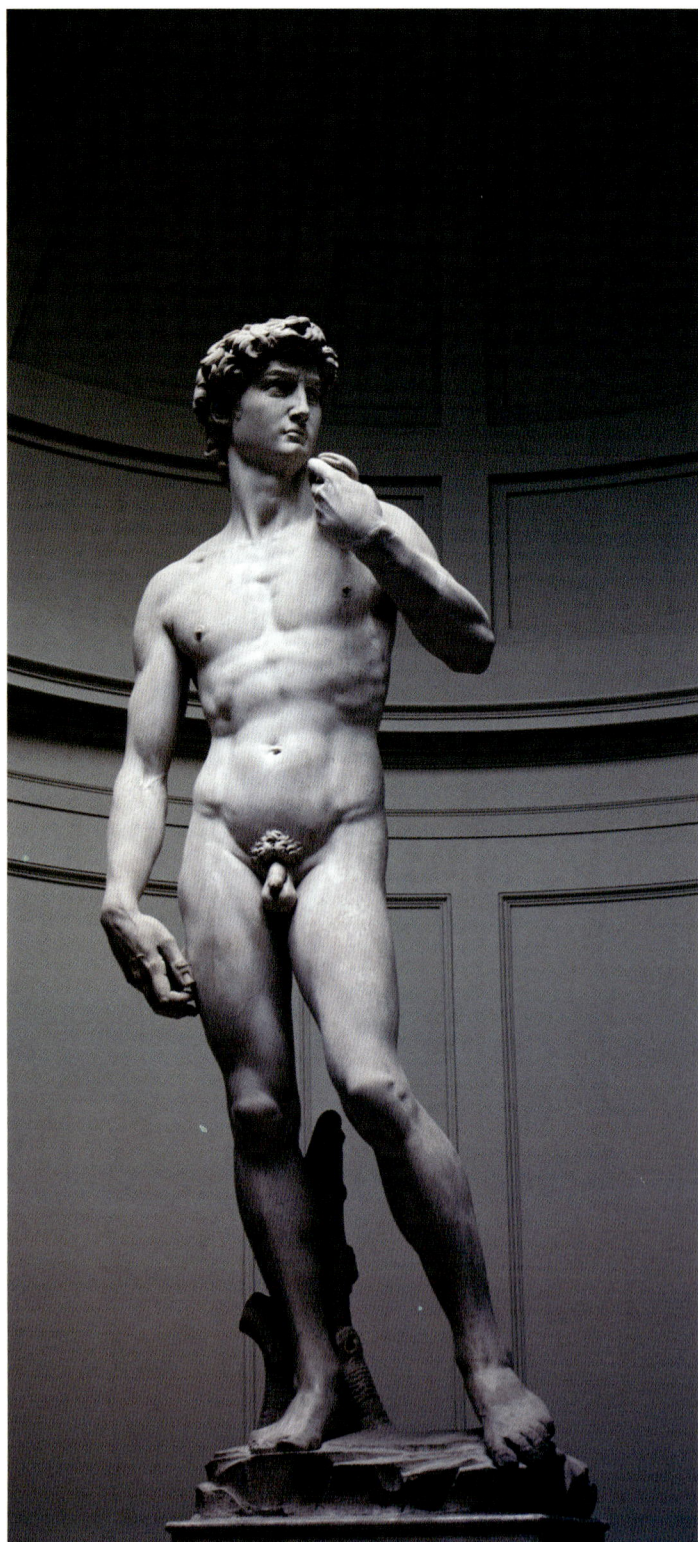

米开朗基罗·博那罗蒂（意大利文艺复兴时期代表人物之一）

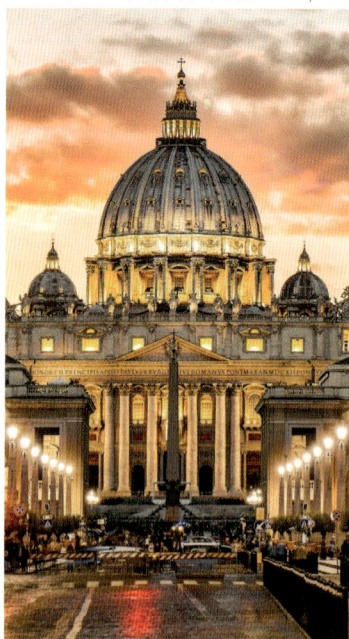

圣彼得大教堂的穹顶

米开朗基罗大卫

西斯廷教堂本来只是罗马教皇的一个私用经堂。其教堂内的天顶画，是文艺复兴三杰之一的米开朗基罗的绘画艺术丰碑。西斯廷教堂因为米开朗基罗创造了《创世纪》和《最后的审判》而名扬天下。这两幅壁画工程也是意大利文艺复兴盛期最伟大的艺术贡献。

圣彼得大教堂位于罗马城中的梵蒂冈城国，其主体建筑就是圣彼得大教堂。1506年朱里奥二世重建圣彼得大教堂，耗时120年，几乎汇集了文艺复兴时期所有优秀建筑师的心血。先后经历了布拉曼特、拉斐尔、米开朗琪罗、马德尔诺和贝尔尼尼五位建筑师之手。其中米开朗基罗贡献最大，教堂最后是按他的方案建成的。

巴洛克艺术首席代表：贝尼尼

乔凡尼·洛伦佐·贝尼尼 (Gianlorenzo Bernini，1598 年 12 月 7 日～ 1680 年 11 月 28 日)。

17 世纪意大利建筑大师、雕塑家和画家。早期杰出的巴洛克艺术家，十七世纪最伟大的艺术大师。贝尼尼主要的成就在雕塑和建筑设计巴洛克艺术首席代表，作品显示了巴洛克艺术的综合性、豪华性、装饰性和戏剧性，体现人文主义思想，反映人的尊严、理想求。代表作圣彼得教堂广场和内部装饰、特维莱喷泉。

　　贝尼尼主持设计，雕塑、绘画和建筑"三位一体"，制造出一种舞台上的幻觉效果。

　　罗马圣彼得广场反映巴洛克在城市规划上的想法，一个巨大的圆形广场，由两个环抱的回廊组成弯曲的两翼，并与主教堂相接，广场的整体设计宏伟庄严又亲切。宛如两只大的臂膀环绕，象征着"拥抱"天主教的整个世界，广场中心的埃及的方尖塔，表达出天主的精神和使命。圣彼得广场成为后来其他广场的规范。

　　圣彼得大教堂前的圣彼得广场，堪称世界上最对称、最壮丽的广场。这个集中各个时代精华的广场是由世界著名建筑大师贝尼尼于 1667 年设计的，用 11 年时间修建成。

意大利雕塑大师贝尼尼和斯特拉扎的大理石雕像，在坚硬的大理石上呈现出如此柔软的肉感，仿佛是注入了灵魂一般。

● 壁纸推荐搭配

在了解了巴洛克风格的起源和发展的历史之后，我们可以在其中提取出壁纸选用的重点元素与色彩结构。

巴洛克风格以浪漫主义的精神为形式设计的出发点，是一种极端男性化的风格，充满阳刚之气，汹涌狂烈和坚实稳定。因此在壁纸的选择上注意基础风格的样式定位、花型纹样的尺度选择、壁纸花型设计搭配的色彩选择。

巴洛克家具的风格特征

● 巴洛克艺术的特征：

1. 描述真正的动感曲线或是象征性的动感物。如波浪状的墙壁、变化形状的喷泉，剧烈运动或用力动作的人物等。

2. 致力于表现或暗示无限延伸的可能性。如消失于地平线的大道，使用镜片原理来描绘壁画，或改变透视点使景物模糊、难以辨认等。

3. 对艺术作品的光线和明暗效果的重视。对戏剧性，舞台布景设计及华丽感的热烈追求，打破不同艺术形式的界限。

17世纪的法国手工挂毯。挂毯也称作"壁毯"，由温暖的羊毛、细亮的丝线在高超的工艺下编织而成的艺术品。作室内壁面装饰用，从远处看，具有媲美油画般的逼真效果。图一挂毯中的图案描绘了法国国王路易十四有关的许多符号：鸢尾、一个太阳、冠、和字母"L"的王冠。

巴洛克艺术的最早发源地是意大利的罗马，但巴洛克家具风格的形成却是在1620年间，在荷兰的安特卫普首先拉开了帷幕，并于1630年直至1640年间在荷兰兴起，紧接着是法、英、德等国家受巴洛克风格的影响也都进入了巴洛克时代。特别是法国路易十四时期的巴洛克家具最负盛名，跃居欧洲各国的领先地位，成为巴洛克家具风格的典范，所以很多人把巴洛克家具风格又称为"路易十四时期家具风格"。

●室内空间效果

　　1.家具的构成特征，巴洛克建筑艺术上的一些构成特征如动感曲线、涡卷装饰、圆柱、壁柱、三角楣、人像柱、圆拱等都十分广泛地应用于家具构成中。特别是当时的家具设计大多由建筑师为适应建筑和室内装饰的需要来进行的，家具在构成要素上以适用的需要及新材料和新技术的运用为主，采用建筑的形式来创造具有统一整体的艺术效果。因此，在家具的构成上，更多地表现出巴洛克建筑艺术的构成特点。

　　2.家具的装饰，巴洛克式家具的装饰原则是："将富于表现意味的细部集中，以便完成整体的新结构。"

　　因而它摒弃了将家具表面分割成许多小框架的旧方法，而改用重点区分，强调整体的新结构，同时也废弃了从前那种复杂的表面装饰，转而加强整体装饰的和谐与韵律的效果。

　　巴洛克家具的装饰图案十分丰富，比较常见的有：涡卷饰、刻扁、盘蜗饰、大形叶饰旋涡、螺旋纹、纹带、C形旋涡、S形旋涡、纹章、爱神裸体像、有翅小天使、奇异的形体和头像、不规则的珍珠牡蛎壳、美人鱼、人鱼、半人半鱼海神、海马、叶翼和花环、动物腿和脚等。

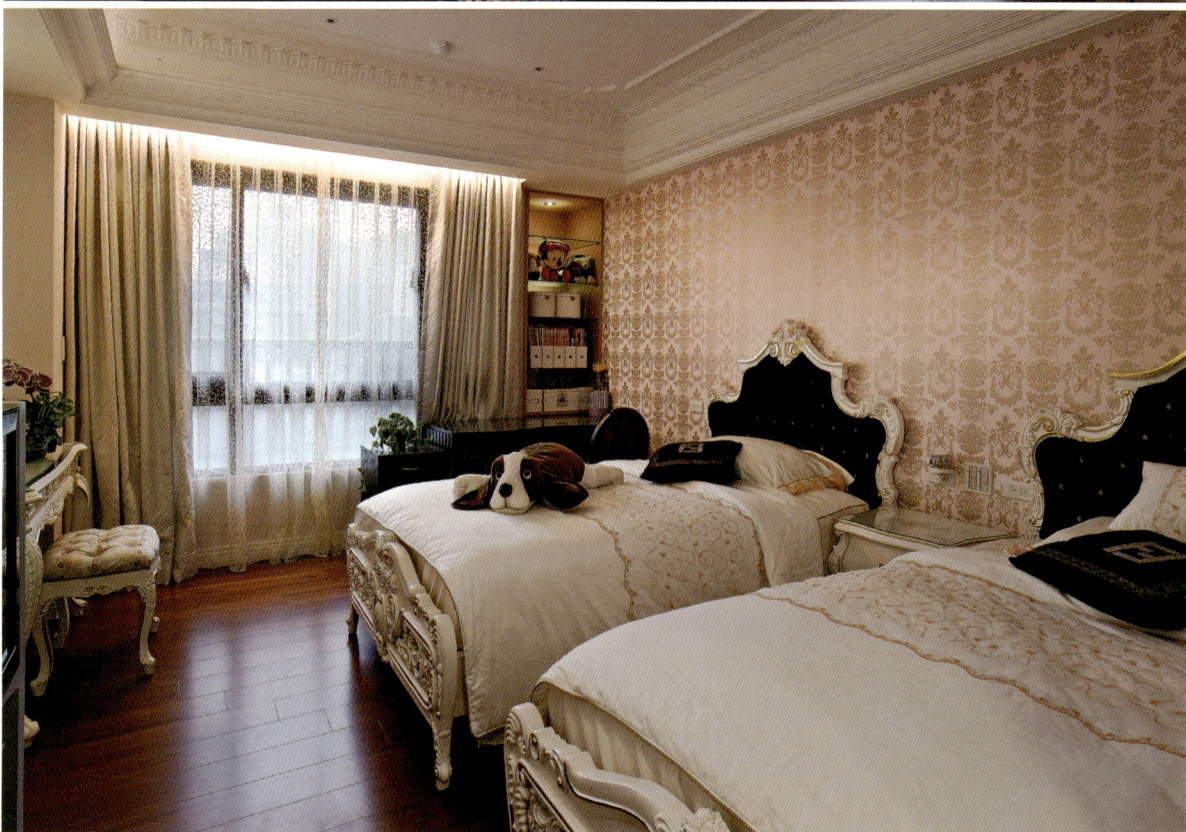

　　巴洛克艺术是指从 16 世纪末到 18 世纪中叶在西欧流行的艺术风格，最初产生于意大利。它以浪漫主义作为形式设计的出发点，运用多变的曲面及线型，追求宏伟、生动、热情、奔放的艺术效果，而摒弃了古典主义造型艺术上的刚劲、挺拔、肃穆、古板的遗风。

　　巴洛克艺术的主要装饰元素，栩栩动人，大气而又细腻，精致而又灵动。

　　优雅而浪漫的巴洛克风格是一种 passion 艺术，吸收了文学、戏剧、音乐等领域里的一些因素和想象，是一种敬请的艺术，打破理性的宁静与和谐，既有宗教特色又有享乐主义的色彩，注重空间感和立体感，运动与变化是巴洛克艺术的灵魂。巴洛克风格以浪漫主义的精神作为形象设计的出发点，以反古典主义的严肃、拘谨、偏重于理性的形式，赋予了更为亲切和柔性的效果。在摄影领域的运用，结合绘画、服装设计、妆面等方面的协调，打造出怪诞而不失灵动，充满神秘魅力的视觉效果。

金箔

丝绒

墙纸

布艺

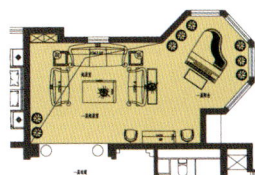

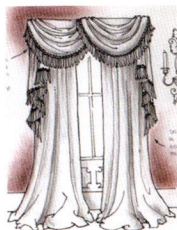

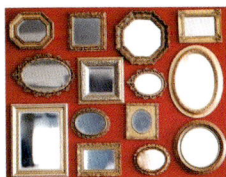

主卧室产品配置图
Bed room

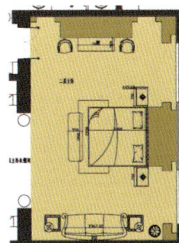

（二）洛可可风格

● 洛可可风格－建筑特点

● 室内装饰元素

壁纸软装搭配营销教程

洛可可 (Rococo)，其名是从法文 Rocaille 和意大利文 Barocco 合并而来。Rocaille 是一种混合贝壳与小石子制成的室内装饰物，而 Barocco 即为巴洛克。洛可可艺术起源于 18 世纪的法国，大量运用各种曲线，不对称的花形以及白色和金色为主的浅色调，用以营造一种柔和轻快、纤巧精致的美感。

18 世纪的洛可可艺术是以女性为中心，以沙龙为舞台展开的优雅样式，如果说把巴洛克的庄重华贵推向高潮的人是被尊称为太阳王的路易十四，那么让洛可可的绮丽繁复在整个欧洲闪耀生辉的人就是围绕在路易十五身边的女性。

蓬巴杜夫人——国王的公开情人首先主导了上流社会的审美取向，在她手中逐渐摩挲出了娇弱优雅的新艺术。在此之后，路易十六的王后——奥地利公主玛丽·安托瓦内特登上历史舞台。即使这两位宫廷女性从未见过彼此，但玛丽王后却完美地沿袭了蓬巴杜夫人对于艺术和时尚的敏锐感触。受此影响，洛可可时期的艺术设计也是从纤细柔和的女性美感中获得灵感的。

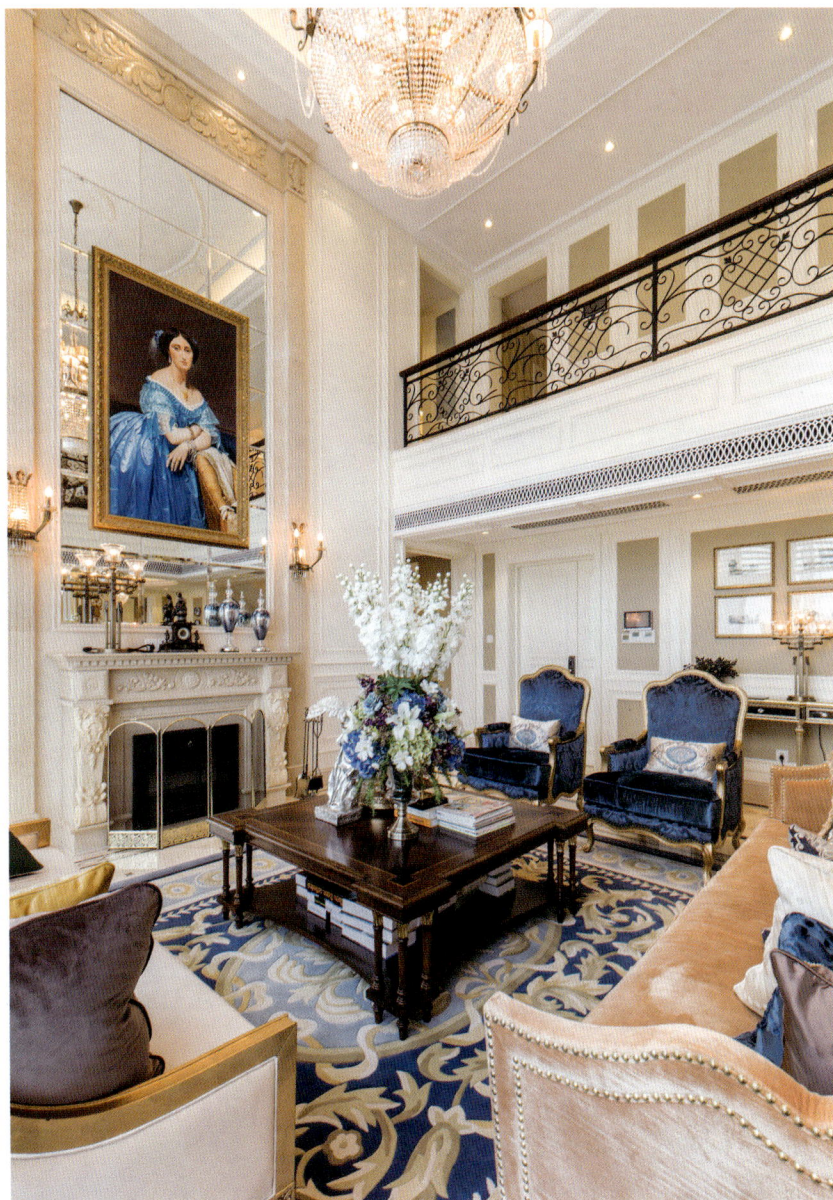

●抽象元素感知

路易十五

这幅画既是蓬巴杜夫人（Madame de Pompadour）肖像画中的代表作，也是洛可可艺术风格的代表作。作者是法兰索瓦·布歇（Francois Boucher）该画像绘制于夫人的正式册封仪式后（即官方情妇身份得以确定），作为法国国王路易十五地位最煊赫的情妇，蓬巴杜夫人的这身装扮在设计上甚至超过了当时的法国王后，绿色的裙子如热带植物，缀满的玫瑰刺绣极尽奢华，左肩偏下方的花束装饰衬托出她所扶植的洛可可艺术正是她个人审美情趣的极致。

洛可可之母——蓬巴杜夫人

洛可可代表作：巴黎苏比斯府邸

●室内空间效果

在洛可可风格中，我们需要注意的

十大元素特征：

1. 墙面与天花板融合，房间比例和谐，色彩淡雅、高贵
2. 装饰主题多样，使用织物涡卷形鎏金图案
3. 多用曲线条女性柔美的线条装饰
4. 三弯腿，涡卷等形式的装饰脚
5. 家具、天花板、护墙板等区域使用鎏金镶金
6. 涡卷纹样、贝壳纹样、玫瑰纹样等曲线纹样装饰图案
7. 东方纹样、写实花鸟纹样使用
8. 装饰题材以田园、风景等为主
9. 天鹅绒、丝织锦缎为软包
10. 装饰品多以青铜制品镶金箔处理

● 风格学习重点

设计元素之一：浅色调

柔和文雅的浅色调是洛可可风格的特色之一。这一时期的室内设计，其主色调有着高明度和低纯度，是模仿上流社会中女性的苍白肤色而来的，通常是在白色底子上修饰以无比繁复的金色纹样。大面积的浅色给人以宁静温和的感受，宛如梦幻无忧的仙境，也从一定程度上暗示了洛可可风格极端奢华下的另一个主题：向往平静与诗意的生活。

设计元素之二：曲线

在洛可可风格的室内装饰与家居设计中大量运用了不对称的曲线花纹，如 C 形、S 形和漩涡形。这些曼妙多变的曲线纹样来自于当时女性的着装和来自自然的植物和贝壳。女性所穿的紧身胸衣和裙撑可以使她们拥有玲珑有致的体形，艺术家则从中获得灵感。贝壳纹样和莨苕叶形的组合巧妙地掩饰墙壁或家具的边角和接缝，最大程度地避免直线和直角的出现。

设计元素之三：中国风格

在极尽所能地运用装饰手法的同时，洛可可女装还受到当时欧洲的"中国热"风潮影响，在布料染织和刺绣的图案设计上大量模仿中国传统工艺美术的风格，并将其称之为"中国风格"，其中以折枝纹样为最。自然花卉成为织物的主题，当时的法兰西也被称为"花的帝国"，常用的花纹是蔷薇和兰花，配以舒卷的藤蔓，有时还会配以鸟类的图案，中国花鸟画对洛可可风格的影响因此显得尤为鲜明。"Rococo—Chinois"一词也应运而生，体现出洛可可时期中西文化的交流与融合。

相关影视作品推荐：
《路易十五的情妇》
《绝代艳后》
《凡尔赛拜金女》

（三）浪漫主义风格

● 浪漫主义风格－建筑特色

葡萄牙里斯本近郊的辛特拉镇 (Sintra)，临近大西洋，山峦起伏，层峦叠翠，宫殿、城堡点缀其间，是摩尔贵族与葡萄牙王室的夏宫所在地。大航海时代，贵族们在城内和山上纷纷盖起了别墅。辛特拉也是 19 世纪第一块云集欧洲浪漫主义建筑的土地。

　　"浪漫"是个很特殊的、美丽的字眼，它无可避免地引起想象，引来注目。很多人、事和情感都争相为浪漫主义作注，在空间中它对浪漫的注脚是——曲线、自然、淡雅、高雅、柔美。

● 抽象元素感知

设计师安娜·莫里那瑞 (Anna Molinari)

设计师安娜·莫里那瑞 (Anna Molinari) 介绍：

蓝色情人 (Blumarine) 创建人安娜·莫里那瑞 (Anna Molinari) 出生在意大利旅游胜地的 Carpi，她现在仍然在那里生活和工作。她一毕业便到了父母的公司，一家知名的针织厂工作。在此期间，她获得了无价的经验，并磨砺了自己的技艺。她的母亲，可以说是此行业中最为优雅的一个女士，给予了她很多方面教诲，包括毅力、信心和耐力。

Blumarine(蓝色情人)，成立于 1977 年，是设计师 Anna Molinari 和其丈夫，为了纪念他们浪漫的爱情而创建的纯女性浪漫梦幻主义的品牌。

创立最初，Blumarine 专注于流行服装设计，其集成熟、性感、梦幻及神秘于一体的独特设计，俘获了全球女性的心，跻身各大流行时装周，成为全球最受欢迎的时装品牌之一。

●壁纸推荐搭配

缠绕向上的莨苕叶纹样象征着爱情初生：充满西方宫廷感的花纹样式，盘根错节的在图面上展开，像是爱情初生之际，所有的甜蜜都变成丘比特的羽翼。悠然的白色雪纺与花朵刺绣作为暗纹基底，古典的卷叶花型展示，明暗结合，两种艺术美感的碰撞与相容，带来视觉交叠的效果，更加凸显出主花的灵动性，在风中摇曳。根据不同的色彩，营造不同的居室空间氛围。

情人之吻：此款花型描述了众多花朵争相盛放的绚丽姿态，其每朵花的独特色彩，以及肆意绽放的模样，都被刻画的好像是陷入爱恋中的情人，带来一个热情如火的吻，让人如痴如醉，极致的表达了浪漫主义风情。

设计师以生动的色彩及灵动的细节，呈现了栩栩如生的花朵，不仅拥有自然清新之感，还绽放雍容华贵之态，在两种不同的美感互相交汇结合处，缀以水晶装饰，增添耀眼光彩。

BM24104 Crystal
Panel decorated with crystals
Декоративная панель
с кристаллами
m 3- x 0.70-

BM24111 Crystal
Panel decorated with crystals
Декоративная панель
с кристаллами
m 3- x 0.70-

2015 年 Blumarine 首次涉足壁纸行业，推出全新的同名系列壁纸——《Blumarine1》(蓝色情人 1)，将透明的薄纱、雪纺与花朵刺绣、贴片、闪光的珠片相结合，并采用捷克高端品牌宝仕奥莎 (Preciosa) 的水晶，演绎极致的浪漫。"PRECIOSA"意为"珍贵"的意思，Preciosa 水晶更以精细优雅，迷人光彩和璀璨夺目的品质作为标志，传承并发展了 14 世纪北波希米亚水晶产业的精良技艺和制作传统。

提到 Blumarine 就让人忍不住联想起一朵静谧开放的花朵，而 PRECIOSA 则是传统的捷克波西米亚水晶工艺中的典范，此次 Blumarine 与 PRECIOSA 的携手合作，将生动的色彩与细腻的绣工，作用于栩栩如生的壁纸设计中，为消费者打造一个优雅、华丽的居家环境。

●室内空间效果

　　在整体上而言，浪漫主义运动是由欧洲在18世纪晚期至19世纪初期出现的许多艺术家、诗人、作家、音乐家、以及政治家、哲学家等各种人物所组成。

　　浪漫主义是文艺的基本创作方法之一，与现实主义同为文学艺术上的两大主要思潮。

　　作为创作方法，浪漫主义在反映客观现实上侧重从主观内心世界出发，抒发对理想世界的热烈追求，常用热情奔放的语言、瑰丽的想象、幻想或复古等手段超越现实的夸张手法来塑造形象。浪漫主义宗旨与"理性"相对立，主要特征注重个人感情的表达，形式较少拘束且自由奔放。

浪漫主义的思想特征：

　　1. 偏重于表现主观理想，抒发强烈的个人感情。

　　2. 描写自然风光，歌颂大自然。

　　3. 酷爱描写中世纪和以往的历史。

　　4. 重视民间文学，尤其是中世纪的民间文学。

浪漫主义的艺术特征：

　　1. 浪漫主义文学对各种艺术形式进行了卓有成效的探索，而成就最突出的在于诗歌，其中特别引人注目的是诗体长篇小说的创造。

　　2. 浪漫主义文学惯用对比、夸张和想象，用词也倾向于华丽一路。

　　3. 忧郁感伤的情调为浪漫派作家所爱好。

（四）法式田园风格

●室内空间效果

　　由于纯正法式风格宫廷般繁复和大量的雕花细节不适合我们这样的中小户型，同时也没有强大的经济基础去选择法式家具。因此，我们去掉了法式风格中的这些复杂元素，保留相对清新单纯的一些痕迹。

　　比如彩色的墙面、花朵、布艺和瓷器饰品的大量运用等。这些都在我家的客厅中得到很好的体现。与装修风格协调的装饰品，田园风格或者欧式风格的都可以。

　　很重要的就是各种饰品的选择，比如法式风格常用的瓷器挂盘、花瓶和相夹等。要做到既和谐又精彩，需要主人对色彩有非常强的把握能力。

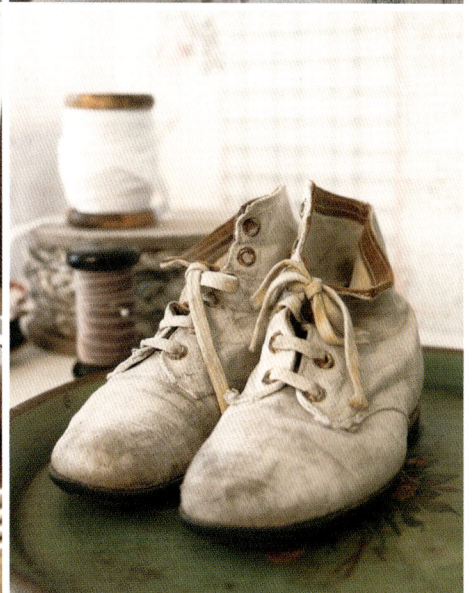

每每提起法国乡村，就离不开葡萄酒，的确，法国南部的丰沃土壤汲养了那累累的葡萄，更培育了数百年来经久不衰的葡萄酒文化。有了葡萄酒的法国农村，无论是 Provence，vienne，Savoie，Beaujolais，还是 Toulouse，Jura，Carcassonne，Benune 大多是一种后农业时代的农庄，自给自足，自产自销。因而其家居特点更注重和发扬这一精神，因此，法式田园更具有一种与世无争，悠然自得，轻松惬意的生活方式。个人感觉，法式田园更象是真正意义上的世外桃园，适合于年轻的，并有些小资情调的女士居住。

法式田园最突出的特点是生活气息浓郁。悠闲，清适而简单。这可以从法国人的生活习性得出结论，可以概括地说法国人比很多人更懂得享受生活。

法式田园的特点最主要表现在：明媚、素雅、自然以及精致和柔美。最符合有现代小女人情结的女士居住。

法式田园特点最主要表现在:

　　法式田园最突出的特点是生活气息优雅、浪漫而浓郁。悠闲,清适而简单。这可以从法国人的生活习性得出结论,可以概括地说法国人比很多人更懂得享受生活。

　　法式田园风格在色彩设计上讲求的是色彩的清新和明媚,素雅。法国人更喜欢白、蓝、红三种颜色。因此,在色彩设计上应以明媚的色彩设计方案为主色调,忌用过于馥郁浓烈的色彩,以及强色彩对比来表现法式田园风格。

　　法式田园家具的特点主要在于家具的洗白处理及大胆的配色,以明媚的色彩设计方案为主要色调,家具的洗白处理能使家具呈现出古典美,而红、黄、蓝三色的配搭,则显露着土地肥沃的景象,而椅脚被简化的卷曲弧线及精美的纹饰也是法式优雅乡村生活的体现相信每一个看过《廊桥遗梦》的人,心中都会有这样一处平静柔情的乡村田园,清新惬意的白色屋房静静地伫立在开满蝴蝶花的乡间草丛里,前廊荡荡悠悠的秋千,布满鲜花的餐桌,那些精雕细琢的橡木、实木被天衣无缝地嵌入房间的各个角落里……

● 法式田园搭配要点

1. 室内可运用具有法式浪漫典雅造型曲线的铁艺装饰物或者屏风饰品，包括富有怀旧复古气息的瓷器装饰物。

2. 欧式装修中壁炉必不可少。墙砖或者天然石材来贴壁炉下方墙面的创意，不仅符合田园风格中的自然元素，也可从颜色上协调呼应客厅的色彩。

3. 在布艺造型上营造居室法式田园浪漫复古的氛围。比如，窗帘与沙发布艺应在颜色和质感上能搭对，如果同时沙发布艺能与墙面色彩遥相呼应，构成柔和曼妙的色彩对比，再加上合适颜色的家具，整个房间的颜色搭配就能达到既和谐又精彩的效果。

由于纯正法式风格宫廷般繁复和大量的雕花细节不适合中小户型，同时也没有强大的经济基础去选择法式宫廷家具。因此，我们去掉了法式风格中的这些复杂元素，保留相对清新单纯的一些痕迹。比如选用法式元素的田园风格壁纸，彩色的墙面、花朵、布艺和瓷器饰品的大量运用等。

与装修风格协调的装饰品，田园风格或者欧式风格的都可以。比如法式风格常用的瓷器挂盘、花瓶和相夹等。要做到既和谐又精彩，需要设计师对色彩、材质、花型纹样具有非常强的把握能力。

4. 装饰元素

(1) 法式田园风格的居室随处可见花卉绿植和各种花色的优雅布艺。

(2) 野花是法式田园风格最好的配饰，因为它最直接传达了一种自然气息，有一种直接触摸大地的感觉。客厅垂落在窗台上的优雅的花布窗帘，粉绿色的墙面，以及卧室淡紫色的墙面，相同色系的小碎花家纺和窗帘等都让居住者的心情丰盈而快乐。

(3) 田园风格对配饰要求很随意，注重怀旧的心情，有故事的旧物等都是最佳饰品。

5. 色彩搭配

(1) 用明快的色彩营造空间的流畅感。

(2) 法式田园风格处处充满纤细的特色。它很容易与具有自然特色的黄、绿等颜色，以及绿色植物一起搭配使用，共同演绎柔和的居室氛围。

(3) 客厅采用粉绿，书房是粉蓝，主卧是粉紫，通过点缀其间的淡粉色协调搭配。如果一个房间同时使用三种以上的颜色，将使空间显得零散。

6. 配饰布置

(1) 配饰随意质朴的设计。采用自然材质、手工制品以及素雅的暖色，强调亲切温馨、朴实自然，自然风味的装饰及大方不做作的搭配。

(2) "自然、舒适、环保、清馨"的法式田园风情，大量使用碎花图案的各种布艺和挂饰，与法式家具优雅的轮廓与精美的吊灯相得益彰。

(3) 一般会运用真实呈现木头纹路的原木材质，木棉印花布，手工纺织的毛呢、粗花呢以及麻纱织物等。自然裁切的石板、造型特殊的石材。图案基本为方格子、花草图案、竖条纹等。

(4) 细节方面，可使用自然材质家具，如藤编家具、植栽与干燥花或壁炉。使用暖色系可以让整体空间看起来温暖又温馨。

法式田园设计要点

1. 居室的空间结构需呈开放式。
2. 采用对称式的造型设计。
3. 淡雅的背景色彩中，运用雕花线板与图案装饰空间，发掘华丽，细致的风采。曲线的运用使得整体感觉优雅。
4. 壁面装饰图案以对称的排列形式，搭配罗马窗幔。
5. 多用木料、织物、石材、藤、竹等天然材料，体现田园的清新淡雅。采用壁纸、仿古砖、布艺沙发、实木复合地板、宜家配饰等，营造出一种田园氛围。
6. 在装修中比较重要的是色彩确定，这关系到会不会出现审美疲劳。家里装修色彩应该以柔和、优雅为主，比如灰绿色系、灰蓝色系、鹅黄色系、藕荷色系以及比较女性的浅粉色系，都是适合田园风格的。

法式田园风格完全使用温馨简单的颜色及朴素的家具，以人为本、尊重自然的传统思想为设计中心，使用令人备感亲切的设计因素，创造出如沐春风般的感官效果。

法式田园风格属于自然风格系列。随意、自然、不造作的装修及摆设方式，营造出欧洲古典乡村居家生活的特质，设计重点在于拥有天然风味的装饰及大方不做作的搭配。

轻法式田园之家少了一点美式田园的粗犷，少了一点英式田园的厚重和浓烈，多了一点大自然的清新，再多一点普罗旺斯的浪漫……

（五）文艺复兴风格

● 文艺复兴风格－建筑特色

文艺复兴运动最早发生在 14 世纪的意大利。所谓文艺复兴（Renaissance）其实就是古代学术的复兴，而这个运动的思想性实质，则是人文主义。他们反对禁欲主义，提倡以现实的"人"为中心，肯定"人"是现世生活的创造者和享受者。提倡"人性"，来反对教会的"神性"；提倡"人权"，来反对"神权"；提倡"人道"，来反对"神道"。文艺复兴建筑是欧洲建筑史上继哥特式建筑之后出现的一种建筑风格。十五世纪产生于意大利，后传播到欧洲其它地区，形成了带有各自特点的各国文艺复兴建筑。意大利文艺复兴建筑在文艺复兴建筑中占有最重要的位置。

文艺复兴建筑发源于意大利的佛罗伦萨，十五世纪佛罗伦萨大教堂的建成，标志着文艺复兴建筑的开端。它是作为共和政体的纪念碑而建造的。它的纪念性意义在于突破了教会的禁制，因为集中式和穹顶建筑一直被天主教视为异教庙宇的形制。

从 15 世纪开始，欧洲国家的经济、军事力量开始强大，逐步超过东方国家。

位于西欧国家中心地带的法国借助于极其优良的地理环境，成为欧洲最强盛的国家。商业和手工业的迅速发展，使王公、贵族、商人手中掌握了巨大财富，他们越来越不加掩饰地追求享乐主义。和中世纪到处修建宏伟的教堂、坚固的城堡不同，法国开始大量修建华丽奢侈的宫殿，产生了文艺复兴时期的建筑风格。

16 世纪末，欧洲美术和建筑艺术的中心从意大利的佛罗伦萨转移到了法国的巴黎，酷嗜艺术的法国弗郎西斯一世国王请来了著名的意大利画家达·芬奇，要他为自己设计意大利文艺复兴风格的宫殿，连 12 世纪建造的著名的卢浮宫，这时也改建成了文艺复兴样式。

法国建筑艺术、绘画、家具的精彩离不开法国人那种天生酷爱艺术的性格，即便到拿破仑帝政时期，这种爱好也丝毫没有减少；没有这种爱好，艺术就不可能发展，历史上的精品往往由爱好、激情产生，而浪漫的法兰西民族从不缺乏激情。

文艺复兴式建筑风格的中心思想是古典主义，主要是学习模仿古希腊、古罗马大型神殿。除了继承罗马、希腊古朴庄重，比例严格的建筑风格之外，文艺复兴时期的建筑更加追求华丽精美，雕刻细腻复杂，在墙面、房檐部分经常用古代希腊神话人物雕像做装饰。

雷加莱拉庄园位于葡萄牙辛特拉历史中心附近。作为辛特拉文化景观的一部分被联合国教科文组织列为世界遗产。1892 年被蒙泰罗以 25000 葡币买下，他希望建立一个扑朔迷离的地方以收集能反映他的兴趣和意识形态的符号。由意大利建筑师 Luigi Manini 协助设计了 4 公顷的庄园，有着神秘的建筑，隐藏了关于炼金术、共济会、圣殿骑士团和玫瑰十字会的符号。建筑风格包括罗曼式、哥特式、文艺复兴和曼努埃尔建筑风格。

主要成就：

1. 出现了伯鲁乃列斯基、伯拉孟特、帕拉第奥等诸多出色的建筑师，建造出腓特烈堡宫、圣彼得教堂等大量极具艺术价值的建筑。

2. 很好的体现了文艺复兴的核心思想。

3. 发展了"柱式"的概念，文艺复兴的建筑师重新继承了一整套古典的柱式，并且依此为基准奠定了直到现代建筑诞生的经典建筑营造模式。

4. 对欧洲各国的建筑风格产生了深远的影响，并且影响了后世的各种流派。

1867 年 Owen Jones 绘制的意大利文艺复兴的纹饰。Owen Jones 曾在欧洲以及近东地区广泛游历，有机会观察揣摩各地的装饰艺术，并对大量不同风格的装饰艺术作品展开了全面细致的研究，他的研究范围涵盖古埃及古希腊、中国直至意大利文艺复兴的作品。

●壁纸推荐搭配

　　设计师在花型设计上多选用欧式古典的花型，加以植绒装饰，花型抛去繁复的细节，保留的古典风情及韵味。色彩上，多为金、银、灰等色调，呈现华丽闪耀的视觉感，将尊贵感与仪式感瞬间提升到一定的高度。

佛罗伦萨圣雷吉斯酒店历史悠久，也是意大利文艺复兴时期最重要的建筑之一圣母百花大教堂。

带有强烈哥特式的文艺复兴风格建筑圣母百花大教堂最著名的地方就是各种大理石的使用。

因为意大利的亚平宁山脉有着全世界闻名的大理石，这给意大利的建筑设计带来了许多方便。

室内设计的风格将华丽的复古和文艺复兴的风格发挥到了极致，豪华的会客厅会让你觉得是在皇室家庭参观，

精致入围的细节处理，纹样的应用在天花板、墙壁上交相辉映，相得益彰。

卧室也是一样的参照文艺复兴风格，但是相比外面的装饰，卧室显得稍微内敛一点。或者这也是考虑到主人内心的安静，因此整间卧室都表现出一种十分想和的气氛。

（六）托斯卡纳风格

● 托斯卡纳风格－建筑特色

托斯卡纳（意文 Toscana，英文 Tuscany，塔司干可能是英文形容词 Tuscan 的译音）是意大利的一个省，著名的佛罗伦萨（意文 Firenze，英文 Florence) 和锡耶纳（意文，英文 Siena)，比萨 (Pisa) 即属於这个地区。其它有名气的城市还有卢卡 (Lucca)，阿莱左 (Arezzo)。托斯卡纳是意大利文艺复兴的发源地，无数艺术家的故乡。它经常被评价为意大利的最美丽的部分。托斯卡纳以其美丽的风景和丰富的艺术遗产而著称。

●抽象元素感知

●托斯卡纳元素分析

地理特征：多山地、丘陵、平原分布于沿海与多谷地

主要工业：大理石、珠宝、纺织、葡萄酒

佛罗伦萨（Florence）是极为著名的世界艺术之都，欧洲文化中心。

比萨（Pisa）斜塔被联合国教育科学文化组织评选为世界遗产。

锡耶纳（Siena）在历史上是贸易、金融和艺术中心，现为锡耶纳省的首府。

托斯卡纳是意大利文艺复兴的发源地，它的艺术遗产包括建筑学、绘画及雕塑，并涌现以米开朗基罗、达芬奇、但丁、拉斐尔为代表的一批杰出艺术家。

| 蒙娜丽莎 | 比萨斜塔 | 米开朗基罗 | 许愿池雕塑 | 锡耶纳中心广场 |

托斯卡纳建筑类型

教堂	郊外古堡
广场	庄园
市政设施	别墅
公共建筑	田园建筑

这些建筑大都庄重、典雅，保留着哥特式和文艺复兴时期的建筑特征，选用的都是上等的天然石材，经过无数能工巧匠甚至几代人的精雕细凿才能完成。

田园建筑是托斯卡纳建筑的代表，古老的小城、农庄、葡萄园、红土绿植……托斯卡纳拥有最安静、最原生态的生活，因此，托斯卡纳的格调是乡村、简朴、但是优雅的。

自然纯朴的墙面气质，为空间营造出质朴的格调，在石块纹样的尺度来看，表现出一种不拘一格粗犷的味道。

自带阳光普照的墙面纹样，继续营造纯朴的空间情感。

壁纸大面积可以暖黄色调为主，墙体大多以黄色系原石色，房子的红瓦坡屋顶可以彰显意大利乡村风情的亲和力。

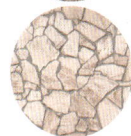

在壁纸版本中，每一个花型都有不同的色彩呈现，我们需要分析每一款壁纸色彩的基础之后，分析纹样特征，再决定可以用在什么样的风格空间之中，因为壁纸是不具备风格唯一性的。

Interior designer Jennifer Dyer employed character-rich architectural upgrades, such as the dining room's brick cove ceiling, to add soul to this Paradise Valley, Arizona, home. Chairs covered in luxurious emerald green silk mohair and a high-gloss ebony-color table balance the brick's rusticity.

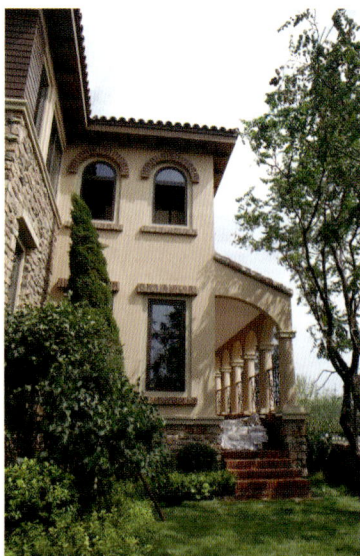

●室内空间效果

窗

1. 开窗面积不大；
2. 窗框细部设计复杂多样，富有层次；
3. 方窗及拱形窗为主。

券

1. 主要用于外廊及围墙；
2. 在文化石墙面上时，券周围设一圈线角；涂料墙上时无线角。

● 风格学习重点

立面墙体

1. 三段式——文化石、土黄色涂料、红色陶瓦屋顶；

2. 入口灰空间（柱廊）的使用；

3. 丰富的细部处理。

托斯卡纳民间建筑风格显以宽檐红瓦顶和黄色（也有桔红和粉色）墙（材料多为土或石灰），广场周围则多廊柱骑楼，其中柱拱比例多为经典的文艺复兴比例，即正方与半圆。

廊架

1. 主要用于入口及露台上；

2. 入口处廊架立柱体型间接，使用木材或者涂料；露台处廊架，立柱一般为两段式。

栏杆

栏杆设计特点小结——黑色金属栏杆，花样繁多。

整个空间以吊顶为空间风格定位的基础，在怀旧复古充满自然纯朴气息又不失大气的硬装造型下，我们可以看到欧式柱形的元素应用，

在整体的壁纸选择上亦可以选用怀旧复古痕迹的细节处理暗纹壁纸，以卧室浅暖基调定位，以家具为主体做空间风格搭配，柔美的纱幔

为空间增添了一抹浪漫和温馨，打破了整个空间的冷凝和生硬，从空间氛围中感受到纯正的托斯卡纳气质。

空间硬装基础的大气与怀旧质朴的痕迹，在软装物料的选用上依旧做空间格调延伸，在器物细节的呼应中，感受托斯卡纳的质朴与华美，自然纯朴的舒适与意大利骨子里的浪漫。

（七）维多利亚风格

● 维多利亚风格－建筑特色

对于 19 世纪这个政治、经济、社会皆飞速变化的时代来说，其最显著的结果就是富裕的中产阶级剧增。财富的拥有及身份的提升唤起了中产阶级改变居住环境和室内装饰样式的意识，他们急于在住宅建筑上明确和标榜他们的成就。于是，以装饰为主的"维多利亚风格"应运而生。工业革命使得批量生产成为可能，那么"安样式"设计制造便成为一种方便、廉价、普遍的标准，这为喜欢对所有样式的装饰元素进行自由组合的维多利亚式风格带来了最简便的机会，并使之最终击败了其他各种样式。

事实上，你很难对维多利亚样式进行准确的分类，它其实包括了各种装饰元素，样式的混合和没有明显样式基础的创新装饰的运用，是当时家具和其它用品设计的典型特征。在建筑上，最直接的表现就是历史上各种建筑式样的复兴在整个维多利亚时期形成一种风尚。

　　哥特复兴样式在英国首先备受推崇，新兴的富商、资产阶级渴望与贵族有同等的生活，他们对风格的准确性没有兴趣，因此经常随机地使用几种风格的元素：文艺复兴式、罗曼式、都铎式、伊丽莎白式或意大利风格。只是，维多利亚时期对这些风格的重新演绎并非只是简单的复制，而是加入了更多现代的元素，并运用了新的建筑材料，改进了原有的建造方法，从某种意义上说是对原有风格进行了完善，是对多种风格所作的融合。

维多利亚时代（Victorian era），前接乔治时代，后启爱德华时代，被认为是英国工业革命和大英帝国的峰端。它的时限常被定义为维多利亚女王（Alexandrina Victoria）的统治时期。

维多利亚风格是 19 世纪英国维多利亚女王在位期间（1837～1901 年）形成的艺术复辟的风格，它重新诠释了古典的意义，扬弃机械理性的美学，开始了人类生活中一种全新的对艺术价值的定义，这就是"维多利亚风格"。

19 世纪以装饰为主的"维多利亚风格"应运而生。维多利亚式风格喜欢对所有样式的装饰元素进行自由组合。很难对维多利亚样式进行准确的分类。

在建筑上，历史上各种建筑式样的复兴在整个维多利亚时期形成一种风尚。

维多利亚时代的文艺运动流派包括古典主义、新古典主义、浪漫主义、印象派艺术以及后印象派等。艺术界呈现出群星夺目的盛景。

大部分的维多利亚式的设计是装饰性的，家具采用曲线的形式，凸出的装饰和复杂雕饰的框架，用机器复制装饰细部。装饰性的顶棚、浅浮雕、石膏线广泛流行。墙纸也是特别流行的墙壁处理方式，可用在木墙板上或朴素的粉墙上，其图案也许是几何形的、花卉的、甚至风景。

毫无疑问，以当时英国在世界上的地位以及影响，美国以及当时的英国殖民地澳大利亚、新西兰、南非、印度等地也开始风行维多利亚风格。不一样的是，他们都采用了地方性的可利用材料和制作工艺，并按当地不同的气候条件来适时改造住宅的式样。例如，在美国，这个时期至少形成了八种不同的风格，如一开始的哥特复兴式和意大利风格，接下来的粘贴式风格，19世纪后期的美国安妮女王风格、理查德森罗曼式、屋顶风格和殖民复兴风格等，同时，埃及和东方特征也融入其中，这些风格在时间上相互重叠，没有特别明显的开始和结束，多数的住宅都是混合风格，个人化的演绎非常丰富。

神奇水晶宫

所谓"水晶宫"是指 19 世纪中期在英国伦敦落成的一座庞大的铁架玻璃建筑。因其特殊的建筑形式，在阳光照射下通体晶莹透亮，让人在里面有一种置身于梦幻宫殿的感觉，故而得名。

"水晶宫"本是英国为在伦敦举办 1851 年世界博览会建的临时展馆，但这座临时建筑却青史留名，成为有代表性的伟大建筑。

水晶宫与同时代及以往的建筑相比，几乎是没有装饰元素的：它既没有古典的希腊柱式、宏伟的罗马穹顶，也没有中世纪哥特式教堂的尖顶，更不会出现巴洛克式的体积和光影变化强烈的壁龛。它并非通过在立面或内部附加任何装饰元素来实现其审美功能，而是借由其自身的造型和结构，通过反光的玻璃与结构逻辑明确的铸铁的结合，将工业生产的材质美、一览无余的结构美及其完美实现的功能美，默默地展现在维多利亚时期的大众眼前。

"水晶宫"的产生

举办这次博览会的想法，最早是英国维多利亚女王的丈夫艾尔伯特亲王提出来的。这位来自德意志小公国的王爷是个关注艺术、科学和工业发展的热心人，在英国声望很高。他设想，这次大型博览会的展品应该包括世界各国出产的原料、机器和新发明，还要展出各种能反映当地民族特色的工艺品。这个想法对推动英国工业发展有利，很快就得到英国议会的批准，并在伦敦市中心的海德公园划了一块地，作为博提出举办伦敦世界博览会设想的艾尔伯特亲王览会会址。英国各大厂家、公司积极响应，不少国家也愿意送展品来。一切看来都很顺利，但不久就在博览会的展馆问题上遇到了麻烦。

博览会预定在1851年5月1日开幕，时间已经很紧，要赶快定出展馆的设计方案。为了得到最佳方案，1850年博览会的筹备委员会宣布举行全欧洲范围的设计竞赛。欧洲各国的建筑师踊跃参加，总共收到了245个建筑方案，然而评审下来却没有一个合用的。主要原因是这时到展馆建成开幕只有一年多时间，除去布展的时间，工期很短。而且博览会结束后展馆还要

拆除，只有省工省料才能快速建成，快速拆除。展馆内部还需要有充足的光线。而当时各国的建筑师只会用传统的材料建造传统样式的建筑，满足不了这些要求。于是筹备委员会只得自己邀请一些建筑师来设计，拿出来的仍是个复杂的砖砌建筑，中央有一个高大的圆穹顶，还是不能让人满意。

就在这时，有个叫帕克斯顿的人找到委员会，说他能够提出让他们满意的建筑方案。委员会同意让他试一试。帕克斯顿忙了8天，拿出了一个新的方案。1850年7月26日，帕克斯顿的方案被接受。这一方案称得上是革命性的，与以前砖石建造的厅堂楼馆大不相同。他设计的展馆长564米，宽124米，总面积达到7万多平方米。上下共有三层，短边一面中高边低，从三层降为一层，长边中央凸起呈现半圆的拱顶。整个建筑是一个铁框架，屋面和墙面全是玻璃。帕克斯顿能出人意料地提出这个新颖的设计，与他的身份有关。他父亲是个园丁，他长大后子承父业也当了园艺工人。在干活时他在花园里曾造过两个养花的温室花房。花房是用铁件和玻璃搭建成的，因而他也就在设计展馆时想到了建造这个与花房类似的"水晶宫"。

● 室内装饰元素

维多利亚样式的混合装饰特征，是对多种风格的融合。
表现形式或张扬浓烈，或柔情甜美，或华丽舒适，都尽显极致。

人们常常以的"幸福感"的观念，来看待生活的品质。
维多利亚风格是室内装饰中最具备"幸福感"的风格。

闷骚：是一种性感的优雅，更是一种内敛的风华。

在我的眼里，闷骚始终是一个褒义词。

它代表着一种崇尚优雅、高贵、内敛、唯美的生活态度，更意味着一种情趣、内涵、激情但不张扬的生活情调。

我眼中的维多利亚风格就是这样，既能体现品位，又不奢华（内敛）；既能激情四射，又不过分张扬；既富有生活情趣，又不失贵族名胄风范。

这个词很扎眼，但从现实意义上来说，维多利亚风格的确是这样，最有才华，但不示张扬。想一想 Gentleman 的英国男人，再看一看十八世纪中叶游走于圣·凡尔塞宫的王公贵族，感受一下巴洛克风格；或者读一读彼得·梅尔的《山居岁月》，体味一下法式田园的闲适；再回味一下激情四射的美国牛仔，联想一下美式乡村的家居氛围，你就会明白维多利亚风格的精神和内涵。

●壁纸推荐搭配

　　壁纸花型以古典卷叶纹及华丽的大花为主，工艺细节为花型增添了立体感，在底纹上融入了创意个性的设计，完成了典雅浪漫个性的花型设计。色彩上，不仅选用了金、黑、灰等充满古典特色的颜色，还选用了红、蓝、粉等颇具现代浪漫气息的色彩，打造出了充满温暖亲切感的维多利亚风格装饰。

　　浪漫团花：线条细腻，花型大，犹如精致的刺绣般，呈现出华丽的视觉感。以字母为底纹设计，颇具人文气息。

　　玲珑花叶：简单的花叶描边，清晰展现了花朵绽放的浪漫时刻。底纹上若隐若现的字母，让人不禁考究花型背后的故事，充满艺术气息。

维多利亚风格的工艺品、家具、建筑装潢有着如下明显可辨特征：

1. 造型庞大，饱满，装潢不拘一格。

2. 从各种复古风格中衍生的母题，比如洛可可涡卷纹、哥特风格的尖塔纹、文艺复兴式的绞缠纹等等，常常混用。

3. 开始使用多种新的工艺技术制造家具、工艺品、多层板胶合板、电镀等等。

4. 装潢中的走兽、飞禽、花卉果实以写实风格呈现。

18 世纪的维多利亚风格是国际设计史上重要的一笔，对于中世纪歌德风格的推崇和流行，使得设计表现上更多的体现了皇室的艺术需要。

视觉设计上的矫揉造作，繁琐装饰，异国风气占了非常重要的地位。

但不可否认，维多利亚风格带来的是视觉上的绝对华丽与分割取舍，人类对于自然和装饰的唯美体现得到了最大化的发挥，因此，在现代设计中，它不但没有消失，更有了新时代的发展。

维多利亚时期新材料和新技术的发展使得物品的种类面目一新，胶合板、铁与黄铜管都能制造出简单而实用的物件，也适用于装饰设计，他们使得装饰变得丰富起来。大部分的维多利亚式的设计是装饰性的，家具采用曲线的形式，凸出的装饰和复杂雕饰的框架，用机器复制装饰细部。室内的家具既要舒适，又要显得华丽，垫子与木框匹配，倾向于厚和突出，有些褶皱和束卷，垫子里的弹簧用以支撑柔软而饱满的表面，带有精制而艳丽的编织图案是其外部覆盖材料的标准。这些家具都有大的尺度和过分的装饰，它是展示身份的象征。

　　色彩搭配可以在颜色渐变上做文章，尽量在房间里考虑同一色系的颜色。

　　维多利亚时期流行的涂料颜色包括深红、深绿、金色、琥珀色，是的，这些深色现在看来有些沉闷，不够活泼，很古老，但是它们在一起也可以组合得很和谐美丽。

　　精细的垂花、肋状物和花卉以及结彩，如同檐口的图案一样，都充分表现出他们的本质特征。浅浮雕广泛流行，它是一种压缩的轻质带有线脚的墙纸，用在平淡的顶棚上增加质感。

　　墙纸也是特别流行的墙壁处理方式，可用在木墙板上或朴素的粉墙上，其图案也许是几何形的、花卉的、甚至风景，墙纸边缘设计一蛋箭或希腊线脚来收头，以创造出合适的构图。

　　在一些朴素的住宅中，一般使用平松木地板，并用地毯覆盖，然后用蜂蜡和松脂对其分色和磨光，用小块不同着色的硬木铺设成几何图案，也是不错的选择。

　　大厅通常采用有装饰的油彩的瓷砖，铺设成几何图案。花饰瓷砖提供了一个耐久且易清洗的表面，在过厅及浴室中都很流行，丰富的色彩和肌理使得地面色彩纷呈。

（八）英格兰古典风格

● 风格起源

外形对称柱式：英国从中世纪向文艺复兴过渡时期的建筑风格是外形对称柱式取得控制地位，水平分划加强，外形简洁，窗子宽大，窗间墙很窄，几乎只剩下一个壁柱的宽度，外形上仍然保留塔楼、雉堞，体形凸凹起伏；室内用深色木材做护板，板上作成浅浮雕。一些重要大厅用华丽的锤式屋架，由两侧向中央排出，逐级升高，每级下有一个弧形的撑托和一个下垂的装饰物。

古典复兴：

英国建筑主要潮流是"古典复兴"。"古典复兴"是指古罗马复兴和古希腊复兴。在这种潮流的影响下，英国建筑了一批著名的古典建筑，为英国建筑发展奠定了基础。

哥特复兴：

英国盛行的另一种潮流是浪漫主义建筑，又称哥特复兴，主要是在庄园府邸中复活中世纪建筑，模仿寨堡和哥特式教堂。

折衷主义：

在古典复兴主义潮流流行的同时，在英国又出现了建筑的折衷主义，就是把古典复兴、浪漫主义捏合在一起，弥补古典主义和浪漫主义的局限性，这也称集仿主义。

东方情调：

中国的、印度的、土耳其的和阿拉伯的建筑风格也被英国建筑所引用，在英国建筑中出现了"东方情调"，引起了欧洲人对东方建筑的喜爱和羡慕。英国建筑融合了世界各国的建筑风格，影响欧洲浪漫主义建筑风格的发展过程。

哥特式（Gothic）

哥特式建筑起源于法国，英国的哥特式建筑出现的比法国稍晚，流行于12~16世纪。英国哥特时期的世俗建筑成就很高。在哥特式建筑流行的早期，封建主的城堡有很强的防卫性，城墙很厚，有许多塔楼和碉堡，墙内还有高高的核堡。15世纪以后，王权进一步巩固，城堡的外墙开了窗户，并更多地考虑居住的舒适性。英国居民的半木构式住宅以木柱和木横档作为构架，加有装饰图案，深色的木梁柱与白墙相间，外观活泼。

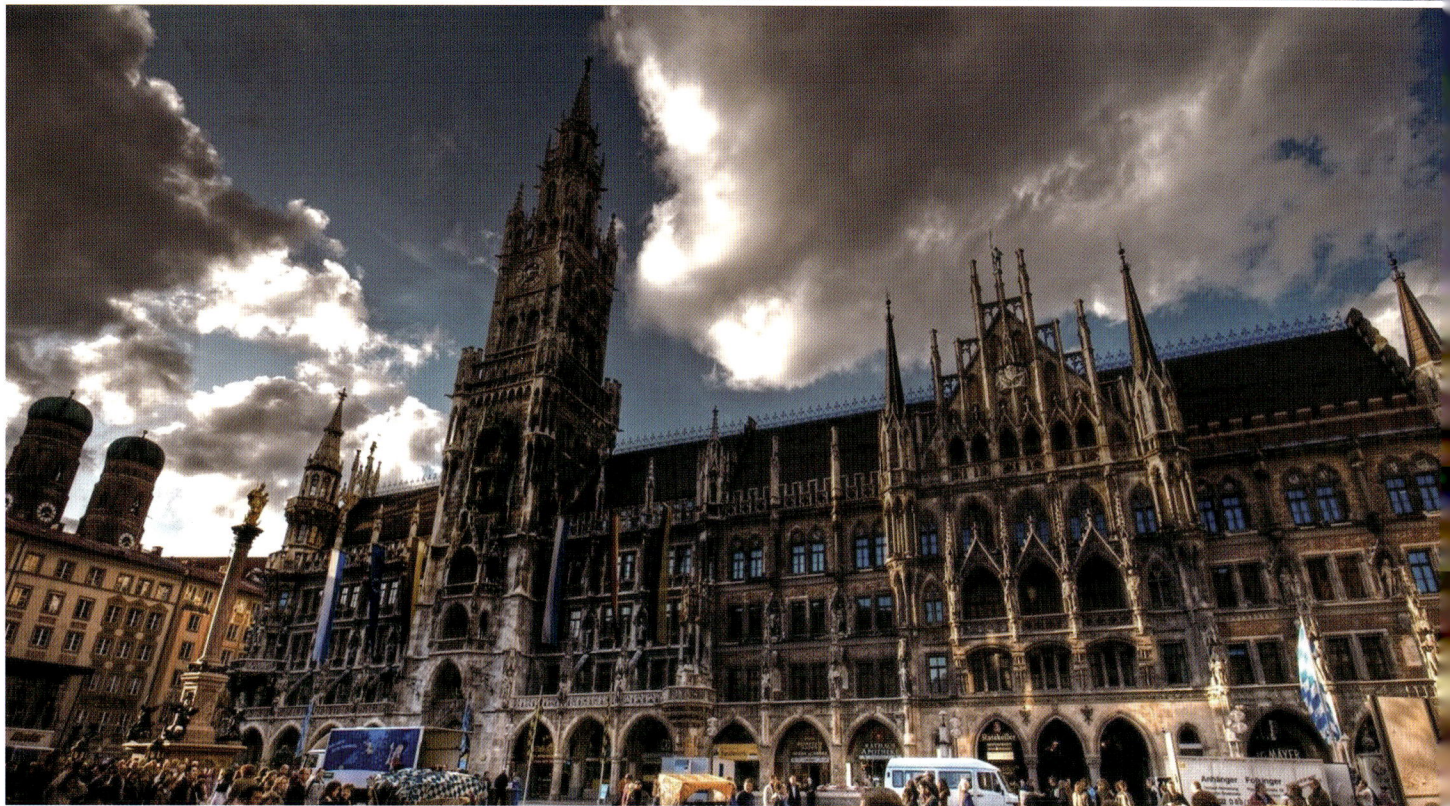

都铎风格（Tudor）

都铎风格是中世纪后英国风格与文艺复兴装饰风格的混合，在本世纪初最为流行，它的"血统"是英国式的，因而可以看到另外许多英国风格的建筑对它的影响，如安妮女皇风格、史迪克风格等。整栋建筑极富装饰趣味与田野情趣。

该风格建筑的主要特征是：

1. 陡峭的侧山墙与另外一个或多个正立面陡峭的山墙屋顶正交；

2. 高大的砖头烟囱，顶上有若干小圆筒作烟囱冠；

3. 高而狭长的窗户，玻璃窗分成若干组，拱形门廊；

4. 最明显的特点是细长的装饰条包裹主要立面。

史迪克风格

史迪克风格是哥特式复兴风格到安妮女皇风格之间的过渡，它强调墙面整体装饰性，而非局限门和窗或屋檐登出的细节。

史迪克风格在 1878 年很盛行，它造型非常漂亮，享有"木质安妮女皇风格"的雅号。

该风格建筑的主要特征是：

1. 正立面为陡峭的山墙，侧向也有三角形山墙相交，山墙上有装饰木架；

2. 屋檐外和进口门廊均有斜向木条架作为装饰；

3. 外墙常有木板包裹，水平及垂直方向都有木条镶嵌；

4. 它有两种形态：正立面山墙；常作为城市住宅。

安妮女皇（1665～1714）风格

安妮女皇风格，平立面非对称，屋顶样式多样，其中以八角形的坡屋面为设计特色。墙体细部丰富而精致，立面的横向纹理简洁明朗，建筑外观给人以庄重恢弘的视觉感受。建筑平面流线清晰，布局集约，景观最大化的渗透到主要功能空间。

乔治亚风格（Georgian）

  欧洲各国文艺复兴时期的建筑风格（意大利在 15 世纪，法国在 15 世纪后叶，英国在 16 世纪）是形成美国文艺复兴的深刻背景，虽然各国在文艺复兴时期都渗入本国的灵气与思想，但有一点是共同的，即对古典风格的继承与创新。在别墅风格的体现上均具备对称、平衡和细部装饰精美等特点。在这一时期，西欧对美国别墅风格的影响是明显的，也是在这一时期，欧洲开始逐步成为世界上经济、政治和文化方面最强大的地区，属于这一传统的风格有乔治亚风格、亚当风格。英国别墅强调门廊的装饰性，比较"讲究门面"。乔治亚风格在英国殖民国家中整整流行了一个世纪（18 世纪），它是由意大利文艺复兴风格传入英国后派生出来的，并秉承古典主义对称与和谐的原则，是对美国最有影响的一种风格。

  该风格建筑的主要特征是：

1. 正立面常有古典门廊；
2. 廊檐下有长方形窗排列，屋檐上有齿饰；
3. 窗户上下成对，分割成许多小网格（9～12 个），通常窗户也是 5 列，为中央对称；
4. 大门常有长方形雕花组成排列图案，门梁上有竖向排列的长方形花纹。

●室内装饰元素

大量英式古典元素的运用。家居特意选择稍微偏大的尺寸，暗含古意。整体空间的色调以及楼梯扶手、护栏的节奏都强调了英式古典的唯美。空间墙面的线条边框走势英朗、精致，是英式经典的装饰元素。

风格细分六大元素特征

1 帕拉第奥风格建筑为典型

4 天棚采用几何、悬垂花蔓等雕饰

2 墙面嵌板有简单而标准的线脚

5 大理石拼花地面

3 壁炉是屋内的中心装饰

6 贵族家庭中流行枝形吊灯

英式古典风格元素特征（一）帕拉第奥风格建筑为典型

英式古典风格元素特征（二）墙面嵌板有简单而标准的线脚

英式古典风格元素特征（三）壁炉是屋内的中心装饰

英式古典风格元素特征（四）天棚采用几何、悬垂花蔓等雕饰

英式古典风格元素特征（五）大理石拼花地面

英式古典风格元素特征（六）贵族家庭中流行枝形吊灯

（九）英格兰田园风格

● 英格兰田园风格－建筑特色

　　Cotswolds，Winchcombe，UK。英国科茨沃尔德，位于英格兰西南部、莎士比亚之乡的南面，绵延的乡村风情与科茨沃尔德群山融合在一起。欧洲有三个地区被众人称道：意大利的托斯卡纳、法国的普罗旺斯、英国的科茨沃尔德，并说这三个地方堪称欧洲最美的三大地区。远在中世纪时，该地区成为英国羊毛贸易的重镇集中地，因羊毛贸易聚集的财富使该地繁荣而富庶，故科茨沃尔德地区的农村基础设施、庄园的建造、田园的精致等都远超英国其它地区。时至今日，科茨沃尔德在英国人眼中代表了英格兰乡村的最高水准，堪称英式乡村的典范。

　　它仿佛是一个世外桃源，充满了人们向往的罗曼蒂克的生活。走进田园之屋，不禁让人想到这样一个画面，慵懒的午后，阳光透过纱窗，拉出长长的影子，落在用碎花、条纹、苏格兰格子做成的各种床品、窗帘、沙发套上。大花小花浓的淡的，活泼而又生动，仿佛一个英国乡村花园盛开在眼前。屋主喝着热咖啡，展卷阅读，如此惬意！

　　英式田园风格又称为英式乡村风格，属于自然风格的一支，倡导"回归自然"，在室内环境中力求表现悠闲、舒畅、自然的田园生活情趣，巧于设置室内绿化，创造自然、简朴、高雅的氛围。田园风格倡导"回归自然"，美学上推崇"自然美"，认为只有崇尚自然、结合自然，才能在当今高科技快节奏的社会生活中获取生理和心理的平衡。因此田园风格力求表现悠闲、舒畅、自然的田园生活情趣，而英式田园风格就很好的对其进行了完美诠释。

　　英式田园风格有务实、规范、成熟的特点。以英国的中产阶级为例，他们有着相当不错的收入作支撑，所以可以在面积较大的居室中自由地发展自身喜好，设计案例也在相当程度上表现出其居住者的品位、爱好和生活价值观。在设计上讲求心灵的自然回归感，给人一种扑面而来的浓郁气息。开放式的空间结构、随处可见的花卉绿植、精雕细琢的欧式家具、各种花色的优雅布艺，有的一切从整体上营造出一种田园之气。

英式田园风格大约形成于17世纪末，主要是人们看腻了奢华风，转而向往清新的乡野风格。其中最重要的变化就是家具开始使用本土的胡桃木，外形质朴素雅。小碎花图案当然是永恒的英式田园风格的主调，沙发多以手工布面为主，线条优美、颜色秀丽，饰品布艺也秉承了这个特点，特征鲜明得让人过目不忘。

配饰：缤纷碎花，纯棉质地

英国人特别喜爱碎花、格子等图案，因此窗帘、布艺等都少不了它。这些花花草草的配饰，华美的家饰布及窗帘能衬托出英国独特的居室风格，而小碎花图案则是英式田园调子的主角。同时，陶瓷也是打造英式乡村风格必不可少的东西。另外，花草、工艺品、相框墙等也是比较出彩的设计。家居布艺设计没有一定规定，你可以依据自己的喜好选择不同颜色、不同质地的布艺产品，布置出不同的风格。大量使用清新淡雅的颜色、柔美娇嫩的花朵图案，是使居室显得更为浪漫的常用方法。这样的床上用品多年来一直也是人们家居布置的首选参考方案。

英式田园风格喜大量使用清新淡雅的颜色、柔美娇嫩的花朵图案，给居住者营造出温馨而又浪漫的室内环境，可以使得劳累了一天的人能在自己的家里感受到舒缓和放松。

英式田园风格的家具是一种非常生活化的乡野风格，家具特点主要在华美的布艺以及纯手工的制作，布面花色秀丽，多以纷繁的花卉图案为主。碎花、条纹、苏格兰图案是英式田园风格家具的永恒的主调。

空间：简单干净

空间上本身无需太过复杂，干干净净，像一张画布，是最好的衬底。以花和植物为主题，素雅的色彩为主色调，与白色浪漫主义家具搭配，在现代感中透出一丝丝怀旧，一点点活泼，可营造出静谧又明媚的空间。

家具：纯色为主，线条柔美

英式田园家具是一种非常生活化的乡野风格，但这种风格的家具依然很大气，多以奶白、象牙等白色为主，高档的桦木、楸木等做框架，配以高档的环保中纤板做内板，优雅的造型，细致的线条和高档油漆处理，使得每一件产品优雅成熟如中年女子含蓄温婉，内敛而不张扬，散发着从容淡雅的生活气息。从家具上就感受到一种宁静和舒适。

其实，英式田园风格讲述的是一种体验，强调回归自然，有人把它比喻成一个温柔女子，恬静、优雅、细腻，从骨子里透露出一种没有任何杂念的朴实，而这种朴实会让人感到一种强烈的家的温暖。正是那些细腻而统一的色调，华丽又低调的图案，处处充满了浓郁的生活气息。

一般来说，英式田园家具造型简洁大方，没有过多的装饰效果，但免不了在一些细节处做处理。柜子、床等家具色调比较纯洁，白色、木本色都是经典色彩。其手工沙发非常出名，大多是布面的，色彩秀丽，线条优美，注重面布的配色与对称之美，越是浓烈的花卉图案或条纹越能展现英国味道。柔美是主流，但是很简洁。

●元素抽象感知

英式装修风格的特点一般是简洁大方，白色、木本色是其经典色彩，英式家具色调也比较纯洁，尤其是英式的手工布艺窗帘非常著名，注重面布的配色与对称之美，花卉图案或碎花展现英国味道。

（十）美式古典风格

● 室内装饰元素

美国是个殖民地国家，也是一个新移民国家，从 1789 年 4 月 30 日，美国联邦政府成立，乔治·华盛顿就任第一届美国总统到今天，只有短短 200 多年的历史。最早的北美洲原始居民为印第安人，他们过的是原始的刀耕火种的生活方式，住得更为简单，用草、石头、木头堆砌成的原始房屋。在 16～18 世纪，西欧各国相继入侵北美洲。法国人建立了新法兰西（包括圣劳伦斯流域下游大潮区，密西西比河流域等处）；西班牙人建立了新西班牙（包括墨西哥和美国西南部的广大地区）。

1607 年，英国建立了第 1 个殖民据点——詹姆士城，此后在大西洋沿岸陆续建立了 13 个殖民地。到达殖民地的一部分是西欧的劳动人民，一部分是贵族、地主、资产阶级，以英国人、爱尔兰人、德意志人和荷兰人最多，还有一些是逃避战祸和宗教迫害者、奴隶以及从非洲贩运来的黑人等。这些人在移民的过程中也带去各自不同国家地域的文化、历史、建筑、艺术甚至生活习惯，而美国的家具也深受这样的影响，很多的家具文化中能看到很深厚的西方文化的历史缩影（比如高大的家具造型来自于欧洲的古典建筑，细部的雕塑、雕刻来自古罗马、西班牙的文化风格等），美国人相承了这些欧洲文化的精华，又加上了自身文化的特点，而衍生出美式家具这样一个独特家具风格。

美式古典风格：美式古典风格植根于欧洲文化，它摒弃了巴洛克和洛可可风格所追求的新奇和浮华，建立在一种对古典的新的认识基础上，强调简洁、明晰的线条和优雅、得体有度的装饰。

　　美式风格以宽大、舒适、杂糅各种风格而著称。因此，美式风格是殖民地风格中最著名的代表风格，某种意义上来说，已经成为了殖民地风格的代名词。

　　美式家具的基础是欧洲文艺复兴后期各国移民所带来的生活方式。从许多18、19世纪世代相传下来的经典家具作品中可以看出，由于早期美国先民的开拓精神和崇尚自然的原则，造型典雅，但不过度装饰的家具成为典型美式家具的代表作。如有猫脚型弯椅脚（Cabriol Leg）的安妮皇后型；家具设计大师齐本德尔（Thomas Chippendale）的椅子；18世纪美国本土设计名家约翰·高德（John Godderd）所擅长的优美线条，直至今日仍在美式家具中占有一定份量，并且在全世界家具发展和贸易中占据了十分重要的位置。

　　因为美国历史的独特性，美式家具有着极其独特的特点，归纳起来有以下三点：

　　1. 美式家具表达了美国人对历史的怀旧，将欧洲皇室家具平民化。

　　2. 美式家具表达了美国人随意、舒适的风格，将家变成释放压力，缓解疲劳的地方。

　　3. 美式家具有极强的个性，表达了美国人追求自由，崇尚创新的精神。

介于美国的历史人文背景，美式古典风格也可以理解成为美式仿古风格。

美式仿古风格仿的是欧洲贵族的奢侈与贵气，而因在美洲大陆的土地上，又结合了这块水土的自由与不羁，在室内设计气质表达上，不只是尊贵，更多的，我们可以感受到根植在骨子里的文化，怀旧复古的气息和大气。

美国是一个崇尚自由的国家，这也造就了其自在、随意的不羁生活方式，没有太多造作的修饰与约束，不经意中也成就了另外一种休闲式的浪漫。

我们在选用美式仿古空间的氛围壁纸中，首先要突出的是美式仿古风格中的怀旧复古和欧洲贵族的尊贵典雅，因此，在壁纸材质和印刷工艺中，需要特别注重做旧工艺和色彩表达。

（十一）美式现代风格

●室内装饰元素

● 壁纸推荐搭配

美式风格的四个时期:

1. 古典时期的风格
2. 文艺复兴时期的古典风格

古典时期的风格主要参照了古罗马或古希腊时期的纪念物, 和它较为类似的文艺复兴时期的古典风格起源于 15 世纪的意大利。这两种古典风格具有许多相同的建筑细部。

3. 中世纪时期传统风格

第三种传统风格出现在中世纪时期, 在时间上连接古典风格和文艺复兴古典风格, 这一时期的建筑风格主要是参照教堂建筑纯正的哥特风格, 也有居住建筑。这一时期英国和法国的建筑对北美住宅的影响最大。

4. 现代风格

开始于 19 世纪晚期并延续到现在。它没有过多的装饰, 外部效果简洁明朗, 新的结构技术的应用使其空间有了变化的余地。其他影响北美住宅的风格有西班牙风格, 包括北美地区西班牙殖民地的简单建筑和西班牙本土精巧的建筑。东方和埃及的建筑或多或少也成为北美住宅的参照。因为现代美式, 因此我们可以保留欧式纹样的基础, 在空间格调中, 我们以居住者的生活习惯和个性喜好为前提, 在现代美式风格中, 不再以怀旧复古为美式精神重要体现, 而是在家具中保留简单的造型和美式风格自由、休闲、舒适的精神情感, 在物质形体和精神层次达到完美的交融。窗帘面料材质上, 软装物料搭配上, 重点表达美式的生活态度。

　　现代美式是古典主义与现代精神的完美结合，置身与居室中你不仅能感受到古典文化带给你的精神熏陶，同时又能体会到来自现代时尚元素的视觉冲击。自然界的万事万物都有自身独特的魅力，只要能够善加运用，做到合理搭配就能收到意想不到的效果。

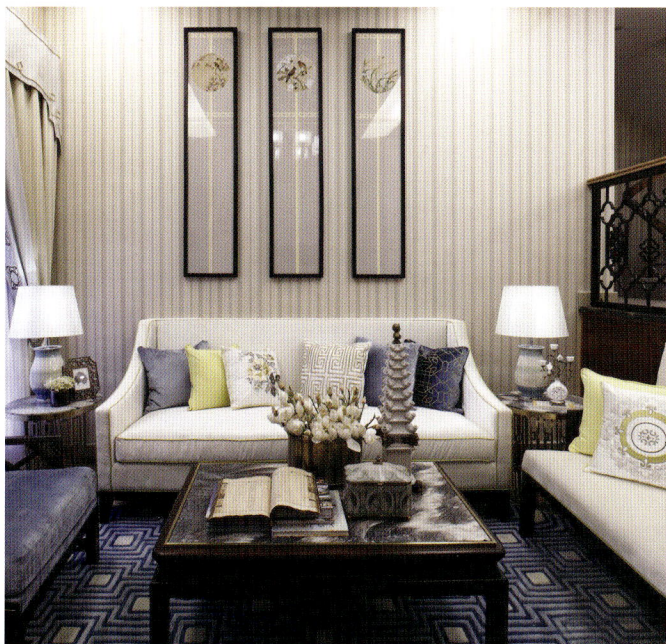

（十二）美式乡村风格

● 美式乡村风格－建筑特色

美式乡村风格特点

在家居设计中推崇回归自然、结合自然的风格，将自然、乡土风味整合成新的空间形式，称为"乡村风格"、"田园风格"或"地方风格"，也称"灰色派"。

美式乡村风格历史发展

70年代，人们开始反对千篇一律的国际风格，现代人对阳光、空气和水等自然环境的强烈回归意识以及对乡土的眷恋，使人们将思乡之物、恋土之情倾泻到室内环境空间、界面处理、家具陈设以及各种装饰要素之中，在当今21世纪高科技、高节奏的社会生活中，人们为了寻求生理和心理的平衡，大量应用木材、石材、竹器等自然材料以及自然符号，自然物、将自然情趣的直接切入，室内环境的"原始化"，"返朴归真"的心态和氛围，体现了乡土风格的自然特征。

美式乡村设计要素

1. 形状：常运用天然木、石、藤、竹等材质质朴的纹理；
2. 颜色：绿色植物，青砖白瓦，本色的木材等；
3. 材质：室内多用焚、织物、石材等天然材料，显示材料的纹理，清新淡雅。

美式乡村风格联想元素

影视剧里欧美国家的农庄、庄园等，旅游区吃"农家菜"的农庄。

美式乡村风格适合人群

此风格得到文人雅士的推崇，如教授学者、小资情调白领人员等，特别是美式乡村风格赢得很多女性的喜爱。

美式乡村风格归根于美国的殖民文化背景，受美式牛仔情结影响颇深，同时对美国精神（自由、开放等）倍加推崇，而这些也正是美式乡村风格的设计思想和文化内涵。

由于美国农业结构组成多为高度商业化的家庭农场，亦农、亦工、亦商，因此其屋舍多兼备会客、住宿、仓储、娱乐等多重功能。同时由于生活习性的不同，美国的农场主大多属于移民后裔，大多世代以农业种植为生，身上除具备美国人所特有的现代美国精神外，还保留有移民所特有的勤劳、乐观、质朴、热情好客的习性。这些精神反映到其建筑特色和装饰风格上，就逐渐形成了其特有的美式乡村装饰风格的精神内涵。

美式乡村风格非常重视生活的自然舒适性，充分显现出乡村的朴实风味。

布艺是美式乡村风格中非常重要的运用元素，本色的棉麻是主流，布艺的天然感与乡村风格能很好地协调。

美式乡村风格有务实、规范、成熟的特点。

以美国的中产阶级为例，他们有着相当不错的收入作支撑，所以可以在面积较大的居室中自由地发展自身喜好，设计案例也在相当程度上表现出其居住者的品位、爱好和生活价值观。

美式乡村风格的家具通常简洁爽朗，线条简单、体积粗犷，其选材也十分广泛：实木、印花布、手工纺织的尼料、麻织物以及自然裁切的石材，风格突出格调清婉惬意，外观雅致休闲，色彩多以淡雅的板岩色和古董白居多，随意涂鸦的花卉图案为主流特色，线条随意但注重干净干练。

应该说，它摒弃了繁琐与奢华，兼具古典主义的优美造型与新古典主义的功能配备，既简洁明快，又便于打理，自然更适合现代人的日常使用。美式乡村相对其它风格的手绘家具，它的家具类别最为广泛。

美式乡村配饰多样，非常重视生活的自然舒适性，突出格调清婉惬意，外观雅致休闲。

摇椅、小碎花布、野花盆栽、小麦草、水果、磁盘、铁艺制品等都是乡村风格空间中常用的东西。

布艺、各种繁复的花卉植物、靓丽的异域风情和鲜活的鸟虫鱼图案是美式乡村风格中非常重要的运用元素。也常运用天然木、石、藤、竹等材质质朴的纹理。巧于设置室内绿化，创造自然、简朴、高雅的氛围。

美式乡村风格的家具在设计和材料上并没有严格的区分定义。它所讲求的是一种切身体验，是人们从家具上所感受到的那分日出而作、日落而息的宁静与闲适。每一件家具都透着阳光、青草、露珠的自然味道，仿佛信手拈来，毫不矫情。

美式乡村风格带着浓浓的乡村气息

以享受为最高原则，在布料、沙发的材质上

强调它的舒适度，给人宽松柔软的感觉

家具以殖民时期为代表

体积庞大、质地厚重，坐垫继续加大，彻底将以前欧洲皇室贵族的极品家具平民化

气派且实用

目前我们所说的美式乡村风格，大部分指美式西部的乡村风格

水泥与岩石融合的切面，像极了河流的堤岸，河水日复一日的冲击，将其洗刷得干净，装饰于家居之中，居家者仿若漂流于海河之中。

光阴: 古老的砖纹，让人仿佛走在青石板的小道里，路的两遍砖墙紧密相连，每个光阴在砖墙上打下的痕迹，都是时光的没理所在，居家者可感受到浓厚的人文情怀。

花型为树木的切面，逼真的色彩赋予壁纸强烈的自然气息，对每个细节的兼顾，让壁纸具有独特的原始森林的色彩，装饰于家居之中，让居家者感受静谧的氛围。

（十三）新古典主义风格

● 新古典主义风格─建筑特色

圆厅别墅是帕拉第奥的传世名宅，他从古希腊、古罗马建筑，引出古典美的建筑比例关系，发现了和谐的尺度，具有哲学的智慧。圆厅别墅对称和谐、风度高雅，具有令人赞叹的力度、比例和纯洁性，同时又具有丰富多变的灵活性，具有永恒的艺术魅力，成为后世纪建筑的典范。

新古典主义建筑的由来

1. 新古典主义建筑产生的背景

新古典主义诞生于 18 世纪中后期的欧洲。这个时期的西方社会在科学技术、思想文化和政治体制都发生了剧变。

（1）工业革命的成功使人类驾驭自然的能力大大增强。新材料，新技术被广泛运用于建筑中。而新的技术机构也应运而生——1747 年成立的巴黎桥梁及道路工程学院标志着建筑的工程性从艺术性中独立出来。

（2）思想启蒙运动强调"自由""平等""博爱"。反映在建筑形式上，新兴资产阶级认为巴洛克、洛可可的繁琐装饰象征着奢侈堕落的封建专制制度，不适于新时代的艺术观。所以，古希腊、罗马和文艺复兴的建筑遗产成为了创作的源泉。雄伟壮丽而简洁严谨的建筑形态表达了人们对"理性国家"的向往与追求。不过这种"旧瓶装新酒"的手段也说明当时的资产阶级虽然对建筑形式有要求，但却无法立即创造出一种与时代精神相符的建筑风格，所以只能在古典样式中选择合乎需要的建筑形式加以发展以形成其真正的风格。

（3）新古典主义的诞生是西方资产阶级由于技术革新，科技发展积累到相当的高度引发思想解放，从量变到质变的关键转折点。但对于工业革命在很短时间内产生的巨大成就有点措手不及，因而在具体表现手法和形式方面来不及做出全新的变革，由此而产生出所谓"古典伪形"的新古典主义，这个又与早期文艺复兴的艺术作品大多以延续中世纪长久以来的宗教故事为题材，但实际上表现得是新的人文、人性价值观是一样的。中国唐代由韩愈、柳宗元倡导的"古文运动"也与之性质相近。综合上述，我们可以把新古典主义建筑理解为思想启蒙之后，资产阶级使用古典构图法则、元素等来表达理性、平等、人性的建筑形式。

国会大厦是古巴哈瓦那的一座新古典主义建筑，风格类似美国华盛顿的国会大厦。1959 年以前国会大厦一直是古巴政府的办公大楼，现在是古巴科学院（Cuban Academy of Sciences）所在地。国会大厦是古巴最宏伟的建筑之一

2. 新古典主义建筑的空间演化过程

古典主义与新古典主义的辨识（启蒙时期的新古典主义）

事实上，新古典主义是一个广泛而具开放性的概念，在各个不同的历史时期，新古典会呈现出不同的特征和含义：启蒙时期"新古典主义"在哲学和美学上的初步形成，反映到建筑上则表现为与古典主义、巴洛克建筑的鲜明区别。简洁（相对巴洛克而言）、理性，追求本源，关注象征意义成为这一时期建筑空间的主要特征。然而新的观念并没有立刻催生出新的建筑形式而是萌生于早已弃用的古典形式，即新古典以一种"伪形"寄居于古希腊，古罗马与文艺复兴等历史风格中。这时有的人倾向于对古典形式的模仿和创造，另一些人着重古典秩序的延续与发展，由此产生了若干关系密切却容易混淆的概念：复古主义是对18世纪中后期出现的仿古典形式建筑的统称。它包括了古典复兴、哥特复兴和折衷主义等。其中古典复兴主要是指对希腊和罗马样式的复兴；而新古典则把复兴的范围扩展到文艺复兴时期。

因此，新古典在建筑样式的范畴小于复古主义（新古典不涉及哥特与折衷主义）而涵盖古典复兴（新古典把研究对象延伸至文艺复兴，而古典复兴只针对希腊、罗马样式），它作为一种思想，表现为对"现代性"的一种认知方式以及运用古典元素进行新的创造；而复古主义只关注对古典形式的考证和再现，并不涉及思想观念领域。

古典外观的新精神（19～20世纪，矛盾中的新古典主义）

在19、20世纪之交，新古典呈现出一种矛盾的特质：第二次工业革命的成就被广泛用于建筑结构和材料上。使建筑的类型和体量变得越发丰富和庞大，但建筑的形式还是对历史样式进行改良与再创造，现代社会的新需求迫使新古典主义建筑师无法照搬历史样式那么简单：譬如希腊复兴所坚持的真实山花会使阁楼中的功能无法解决；同样的问题也出现在罗马复兴建筑：罗马神庙，浴场被改头换面，充当与原来毫不相干的用途。在这种矛盾之下，古典法则往往和功能要求、材料的本质背道而驰。结果要么是形式的法则被修改（如柱距逐渐加大，最后导致铁结构的相关比例），要么在出现"现代结构，古典外衣"的情况。尽管如此，新古典主义中蕴含的革新思想还是为探求适应社会发展的新建筑作出了不懈的努力：其中有以功能来统一技术和形式矛盾的"芝加哥学派（Chicago

school)"有为新技术寻求艺术形式的"德意志制造联盟（Deutscher Werkbund）"还有通过运用新材料（铸铁）来进行形式变革的"新艺术运动"（新艺术运动即是新的艺术观念，与新古典拉开了距离，但其形式和精神都与之保持十分密切的联系）。可以说：新古典主义的开放性为现代建筑的发展奠定了基础。

● 室内装饰元素

新古典主义的现代启迪和评价

在 21 世纪，各种新技术，新工艺层出不穷，各种新奇的建筑形式和设计理论令人应接不暇。新古典建筑作为一种历史样式似乎早已淡出设计师的视野，然而古典建筑语言的影响却依然存在，并且从古至今一直贯穿于建筑历史的过程。

即使时代不断向前发展，人的本性中仍有一部分不变的对感受美的标准，这种美以经典的形式保存于古典法则中。在任何时期，人们都努力尝试将经典的美感和时代的风尚相结合。

新古典主义建筑作为对古典法则的继承，正是以其独特的方式将古典传统引入现代。它与先前的文艺复兴、古典主义、巴洛克大不相同，不再仅仅作为一种单一明确的社会意识观念的表达，而成为新与旧、革命与保守、理性与感性的矛盾混合体。

在现代性的萌芽与成长中，新古典建筑成为思想变革和技术发展的城市象征物。它并非一种顽固不变的教规，而表现为一种开放的体系。它能结合工艺美术运动、Art Deco、现代主义、后现代主义，以各种不同的形式延续古典主义的秩序。

●抽象元素感知

新古典主义的设计风格其实就是经过改良的古典主义风格。

一方面保留了材质、色彩的大致风格，仍然可以很强烈地感受传统的历史痕迹与浑厚的文化底蕴，同时又摒弃了过于复杂的肌理和装饰，简化了线条。

新古典主义的装饰元素则将古典的繁复雕饰经过简化，并与现代的材质相结合，呈现出古典而简约的新风貌。

形散神聚是新古典的主要特点。

在注重装饰效果的同时，用现代的手法和材质还原古典气质，新古典具备了古典与现代的双重审美效果，完美的结合也让人们在享受物质文明的同时得到了精神上的慰藉。讲求风格，在造型设计的不是仿古，也不是复古而是追求神似。用简化的手法、现代的材料和加工技术去追求传统式样的大致轮廓特点。

注重装饰效果，用谁内陈设品来增强历史文脉特色，往往会照搬古典设施、家具及陈设品来烘托室内环境气氛。

（十四）地中海风格

● 地中海风格－建筑特色

地中海风格特点

地中海周边国家众多，民风各异，但是独特的气候特征还是让各国的地中海风格呈现出一些一致的特点——"蔚蓝色的浪漫情怀和海天一色，艳阳高照的纯美自然。"

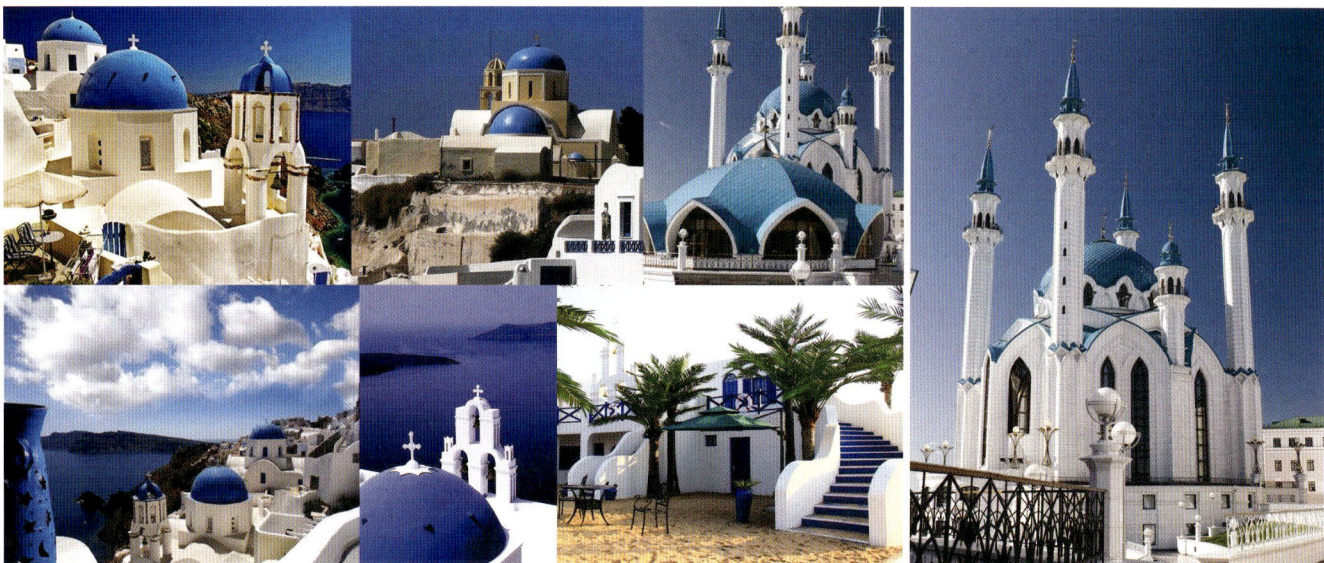

● 地中海风格历史

　　地中海风格原是指沿欧洲地中海北岸一带，特别是西班牙、葡萄牙、法国、意大利、希腊这些国家南部的沿海地区的住宅的风格，很淳朴，红瓦白墙，干打垒的厚墙以遮蔽夏天的炎热和直接的光照，众多的回廊、穿堂、过道，一方面增加海景欣赏点的长度，另一方面利用风道增加空气的对流，形成穿堂风这样被动式的降温效果；铁铸的把手和窗栏、厚木的窗门、简朴的方形吸潮陶地砖，四水归堂的天井院子里面大多有个阿拉伯式的小水池，滴水而已，用彩色瓷砖装饰。建筑设计的不对称，不规整的，高高低低的，饶有趣味，是很民间的做法。

　　住宅往往都是对着海，坐在阳台上看落日，很是写意。后来殖民者把这种风格带到了美洲，加利福尼亚气候很像地中海气候，天气更晴朗，因此，地中海风格在加州得以发展，宅子更豪了，也加入了南欧地区的一些特点。笼统成为"加州风格"，就好像"加州红酒"一样，很醇，很商业，很符合那里的富豪心态。开发的量变大了，之后建筑设计师的统一整合后就变成流传至今的"地中海风格"。

地中海风格定义

地中海的风格虽然在生活中经常听到，但是真正能做一个味道较浓的地中海风格还是很少见的，也是比较难的。文艺复兴前的西欧，家具艺术经过浩劫和长期的萧条后，在9至11世纪重新兴起，并形成自己独特的风格——地中海风格。同其它的风格流派一样，地中海风格有它独特的美学特点。不同的地中海文化影响下，在选色上，它一般选择直逼自然的柔和色彩，在组合设计上注意空间搭配，充分利用每一寸空间，且不显局促，不失大气，解放了开放式自由空间；集装饰与应用与一体，在柜门等组合搭配上避免琐碎，显得大方、自然，让人时时感到地中海风格家具散发出的古老尊贵的田园气息和文化品味；其特有的罗马柱般的装饰线条简洁明快，流露出古老的文明气息。

地中海风格之特征

1. 拱形的浪漫空间

"地中海风格"的建筑特色是，拱门与半拱门、马蹄状的门窗。建筑中的圆形拱门及回廊通常采用数个连接或以垂直交接的方式，在走动观赏中，出现延伸般的透视感。这是地中海家居的一个情趣之处。

2. 纯美的色彩方案

"地中海风格"对中国城市家居的最大魅力，恐怕来自其纯美的色彩组合。

西班牙蔚蓝色的海岸与白色沙滩，希腊的白色村庄在碧海蓝天下简直是制造梦幻，南意大利的向日葵花田流淌在阳光下的金黄、法国南部薰衣草飘来的蓝紫色香气、北非特有沙漠及岩石等自然景观的红褐、土黄的浓厚色彩组合。

地中海的色彩确实太丰富了，并且由于光照足，所有颜色的饱和度也很高，体现出色彩最绚烂的一面。所以地中海的颜色特点就是，无须造作，本色呈现。

地中海风格也按照地域自然出现了三种典型的颜色搭配。

蓝与白：这是比较典型的地中海颜色搭配。西班牙、摩洛哥海岸延伸到地中海的东岸希腊。希腊的白色村庄与沙滩和碧海、蓝天连成一片，甚至门框、窗户、椅面都是蓝与白的配色，加上混着贝壳、细沙的墙面、小鹅卵石地、拼贴马赛克、金银铁的金属器皿，将蓝与白不同程度的对比与组合发挥到极致。

黄、蓝紫和绿：南意大利的向日葵、南法的薰衣草花田，金黄与蓝紫的花卉与绿叶相映，形成一种别有情调的色彩组合，十分具有自然的美感。

土黄及红褐：这是北非特有的沙漠、岩石、泥、沙等天然景观颜色，再辅以北非土生植物的深红、靛蓝，加上黄铜，带来一种大地般的浩瀚感觉。

3. 不修边幅的线条

线条是构造形态的基础，因而在家居中是很重要的设计元素。地中海沿岸对于房屋或家具的线条不是直来直去的，显得比较自然，因而无论是家具还是建筑，都形成一种独特的浑圆造型。

白墙的不经意涂抹修整的结果也行成一种特殊的不规则表面。

4. 独特的装饰方式

在构造了基本空间形态后，地中海风格的装饰手法也有很鲜明的特征。

家具尽量采用低彩度、线条简单且修边浑圆的木质家具。地面则多铺赤陶或石板。

马赛克镶嵌、拼贴在地中海风格中算较为华丽的装饰。主要利用小石子、瓷砖、贝类、玻璃片、玻璃珠等素材，切割后再进行创意组合。

在室内，窗帘、桌巾、沙发套、灯罩等均以低彩度色调和棉织品为主。素雅的小细花条纹格子图案是主要风格。

独特的锻打铁艺家具，也是地中海风格独特的美学产物。同时，地中海风格的家居还要注意绿化，爬藤类植物是常见的居家植物，小巧可爱的绿色盆栽也常看见。

（十五）波西米亚风格

● 波西米亚风格－建筑特色

发源地

波西米亚（Bohemia）位于捷克斯洛伐克的西部地区，原属奥匈帝国的一部分，是一个多民族的部落，那里是吉卜赛人的聚集地。如今提到它，人们已很少想到真正在捷克土地上生活的波西米亚人民，"波西米亚"已成了一种象征，惹人无数联想——流浪、自由、放荡不羁、颓废……它已经成了终日奔波忙碌的都市人心中一个可望不可及的梦。

波西米亚风格与起源

波西米亚风格和不同的艺术或学术社群产生关联，并且被用来当作以下这些人物、环境或情况的普遍形容词：在《美国大学辞典》中将 Bohemian 定义为一个具有艺术或思维倾向的人，他们生活和行动都不受传统行为准则的影响。

保守的美国人经常将波西米亚人和毒品以及自陷贫困联结在一起，然而，过去一个半世纪以来许多最有才华的欧洲与美国文学名家都拥有波希米亚气质，因此如果列出一张波希米亚人名单的话会变得非常冗长。甚至像巴尔扎克这样的布尔乔亚作家都会赞同波希米亚主义，尽管大部分的布尔乔亚并非如此。事实上，波希米亚和布尔乔亚常常被视为是相反的团体。在大卫·布鲁克斯（David Brooks）的《天堂里的布波族》（Bobos in Paradise）一书中描述了这两个团体彼此碰撞的历史，以及现代波西米亚和布尔乔亚融合在一起之后产称的一个新兴上层知识阶级——布尔乔亚波西米亚人，简称为布波族。

波西米亚的意思是任何你可以随意地生活与工作，而且行事不落传统的地方，一个能达到心灵自由的社区。19世纪与 20 世纪初在许多城市中都有兴起过波西米亚社区：德国慕尼黑的施瓦宾区（Schwabing）、法国巴黎的蒙马特区和蒙巴纳区（Montparnasse）、美国纽约市的格林威治村、苏活区、旧金山的北滩区（North Beach）以及之后的海特 - 艾许伯里区（Haight-Ashbury）、英国伦敦的切尔西区（Chelsea）和费兹罗维亚区（Fitzrovia）。现代的波希米亚社区包括有中国的大理、泰国的清莱、尼泊尔的加德满都、荷兰的阿姆斯特丹。

壁纸软装搭配营销教程

波西米亚风格服装的特点是兼收并蓄。波西米亚人行走世界，服装融合了多地区多民族的特色：层层叠叠的波浪多褶裙，珠绣和亮片，流苏和串珠……种种最丰富的色彩和最多变的装饰手段等手工打造的精巧被统一在不羁和流浪中。

波西米亚风格的主要特征就是流苏、带给人的视觉冲击和神秘气氛，这种被称为"有一定经济基础的小资情调"的服饰风格对简约风格形成了巨大冲击。但波西米亚风格，不是可以简单地用流苏花边绳结，棉麻褶皱来武装的穿着方式，它崇尚自由个性，把没有原则当成原则的方式。把石、木、珠、布组成时尚，是波西米亚的精髓。

时装舞台上，波西米亚风的表性特征是：层层叠叠的花边，无领袒肩的宽松上衣、大朵的印花、手工的花边和细绳结、皮质的流苏、纷乱的珠串装饰、还有波浪乱发；其用色是运用撞色取得效果，如宝蓝与金啡，中灰与粉红……比例不均衡；剪裁有哥特式的繁复，注重领口和腰部设计。不仅在 T 台，波西米亚风格在近几年被大众很普遍的接受了，诸如女孩子腰间长长腰带的流苏、身上针织镂空或者薄纱面料的手绘、露肩宽松上衣，以及层层叠叠的褶皱裙……

选择波西米亚，你就选择了一种孤独，有叛逆，有颓废，但那都是适当的。毕竟，自由不羁的波西米亚总是和世俗格格不入。勇敢，坚强的波西米亚，表面的流浪最终无法掩饰内心的热情，想要更高，那就会有更深的孤寂。没有人知道波西米亚的确切起源，发展至今，经过不断的融合和发展，波西米亚不再是捷克的波西米亚，也不再是吉普赛人的波西米亚，它是富有创造的，多元化的波西米亚。

真正的波西米亚是伟大的，它是天才的生活，天才的灵感，还有天才的创造。真正的波西米亚是迷人而可怕的，因为，唯有这样才是真正完美的生活……

什么是波西米亚风格

Bohemian，浪漫、民俗、自由。浓烈的色彩、繁复的设计，带给人强劲的视觉冲击和神秘气氛。的确，再也没有那一种风格的服饰会像波西米亚那样苛求和热爱细节：褶皱、珠绣、亮片、流苏、花边、绳结……极尽铺张渲染，加上瑰丽而又迷乱的色彩，璨若烟花。

毫无疑问，在这个崇尚简约的快节奏的时代，苛求细节的波西米亚风格是一种奢华的另类。就如同波西米亚人从来都是世人眼中离经叛道的异类一样，波西米亚风格也一直是服饰中不羁的标志。

也因为如此，并非每一个女人都适合波西米亚，那些没有素养沉淀的人一披上便会淹没在迷离层叠的色彩和错觉之中。

三毛说，台湾只有三个女人适合波西米亚式的打扮，她们是潘越云、齐豫和——她自己。想想也是，她们三人撇开妍媸陋质、术业专攻，无论是言行还是气质总有一些相似之处，都属于那种特立独行、才华横溢而又总是不想受现实规范约束的类型，也只有这些特立独行，傲世灵慧的女子的灵魂，才能让波西米亚熠熠生辉。舍此，波西米亚，黯然失色。

当三毛穿着松松垮垮的棉质长裙，戴着叮叮当当的环佩浪迹撒哈拉的时候；当潘越云披着一头齐腰的长发，迷离着眼唱着《最爱》的时候；当齐豫裹着一袭黑色的宽大裙袍，晃着耳环轻吟《船歌》的时候，你会发现，狂狷不羁的波西米亚风格，会有一种怎样的收魂摄魄，惊世骇俗。

提起波西米亚风格，总会有一种不可言说的感觉。的确，豪放而又颓废，浪漫而自由，波西米亚，已经超越了现实的喧嚣和浮躁。

发展至今，波西米亚已经超越了地理的界限，而当年的自由、浪漫和民俗依旧。波西米亚在何地何方，这早已不再重要，它已然成了一种文化，一种精神，一种符号，甚至是，一种艺术品。于是，波西米亚在女人身上时，便成了一种奢华的另类、个性的高贵。

从长相到性格到生活方式都绝对与众不同的波西米亚人，一直以来都是文学艺术家们乐此不疲描绘的对象。我们耳熟能详的有：普契尼的经典歌剧《波西米亚人》、梅里美的《卡门》、七十年代红极一时的印度电影《大篷车》，当然还有雨果的《巴黎圣母院》里那能歌善舞的美丽吉卜赛姑娘埃斯梅拉达。吉卜赛女人热情奔放敢爱敢恨的迷人性格在《卡门》和《大篷车》里的小辣椒的身上体现无遗。

　　波西米亚，原意指豪放的吉卜赛人和慵懒派的文化人。波西米亚风格代表着一种前所未有的浪漫风情化、民俗化、自由化。浓烈的色彩、繁复的条纹设计，会带给人强劲的视觉冲击和神秘气氛。

　　波西米亚是时装界的表现风格，因为波西米亚人行走世界，服饰自然就混杂了所经之地各民族的影子：印度的刺绣亮片、西班牙的层叠波浪裙、摩洛哥的露肩肚兜皮流苏、北非的串珠全都熔为了一炉。令人耳目一新的"异域"感也正符合了当代时装把各种元素"混搭"的潮流。

（十六）摩洛哥风格

● 室内装饰元素

摩洛哥位于非洲的最北端，摩洛哥最早的居民是柏柏尔人，信奉伊斯兰教，人们把这个国家称为"北非花园"。在摩洛哥，阿拉伯文化与新潮的西方文化并存，造就了风格迥异的摩洛哥风格，也有人称其为mix&match，就是随意搭配的风格。色彩鲜艳、装饰华丽的彩色陶瓷、金属工艺品、金属器皿上的精细雕刻、镶嵌工艺都是摩洛哥风格的典型特征。

摩洛哥的建筑

　　具有浓厚的中世纪的风貌，反映伊斯兰建筑艺术特色（如古城堡和宫殿）、阿拉伯的民居和哥特式的欧式建筑风格。摩洛哥的建筑艺术颇具特色，屋门很小，门都是用优质木料雕花油漆的，室内房子有种很大的感觉，房间也很多，房内部分还有天井，自然阳光照射进来，很明亮，室内地坪用陶瓷或大理石碎块拼成各种很美的图案，四面墙用陶瓷片镶嵌的五彩图案，天花板用成千上万块雕花细木组合的图案或石膏粘雕花而成，摩洛哥民居室内装潢极其讲究，给人就是很豪华的感觉。

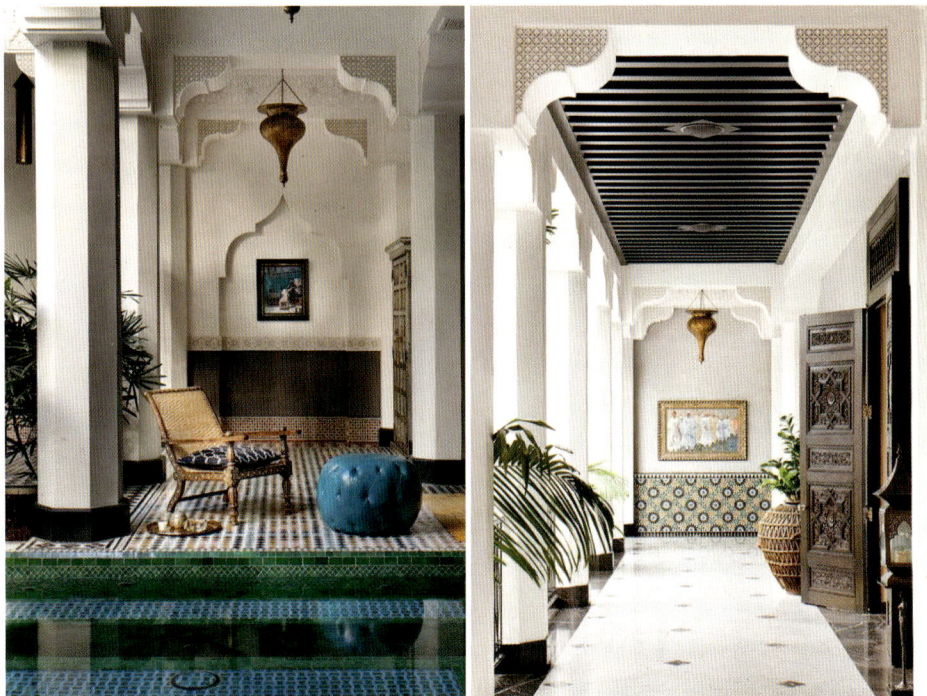

在客厅中地毯、色彩鲜艳的抱枕、民族风格的家具都是必不可少的，东南亚风格的大象、芭蕉叶等是比较有代表性，摩洛哥风格中灯饰和地毯图案是它明显的标志，因此，想要做出地道的民族韵味，必须把握当地的民俗风情、地域特色。

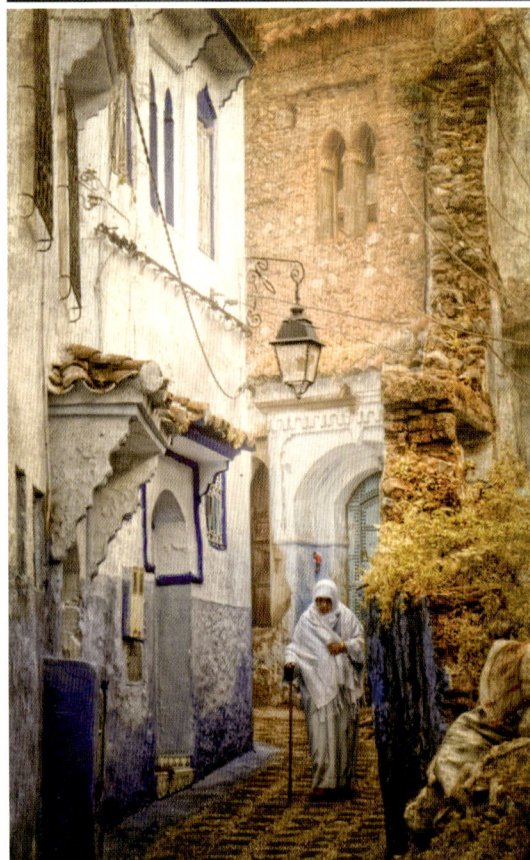

Chefchaouen，Morocco。舍夫沙万，是摩洛哥最美丽的城镇，整座依山而建，有着西班牙风格的红瓦屋顶和漆上淡蓝色的墙面。Chefchaouen 在当地语言里就是"看那些山峰"的意思，本地人一般都亲切地叫它的小名 Chaouen(萧安 / 萧恩)，也就是"山峰们"的意思。这座蓝色老城的典故，据说是因为 1930 年的移居到此的犹太难民把蓝色视为天空和天堂的颜色，同时也是和平的象征。在这里，你可以穿梭大街小巷探索充满西班牙风情的摩洛哥建筑。

卧室也是一个比较重要的空间，在印度，人们喜欢用艳丽的色彩去装饰，堆叠的抱枕，漂亮的窗帘，都是必不可少的，摩洛哥风格的卧室也有一些色彩素雅，但民族符号强烈的设计。

摩洛哥风格门，这个门的拱形很美，可以运用在家中的客餐厅背景墙或过道等空间，。

　　为达到风格的整体统一，局部空间又有所不同的效果，在门绿色和地面与其它空间相结合的同时，紫色和墙面装饰画颜色丰富变化的选择又打造了同套建筑而不同感觉设计，一些自然的花卉、原木的小板凳，茶几的选择既可储藏也可以当作欣赏，强烈的对比和对称，何处都在不时的体现摩洛哥的特色和元素。

　　传统的摩洛哥房屋与中国四合院极为相似，不同的是墙壁更高一些，临街的墙上没有窗户，为的是不让外面的行人看见屋里的情形，更不让女眷看见街外的天地。

该国的建筑艺术颇具特色。一般屋门都是用优质木料雕花油漆而成的，而建筑群特点更体现在结构上的对称、垂直、尖拱、主体取集中式平面，墙面又结合摩洛哥独特的建筑魅力，显得独具特色。地板用陶瓷或大理石碎块拼成各种图案，摩洛哥人比较喜欢艳丽的颜色绿、红色等做建筑及设计的运用，椅子也选择一些自然植物皮做装饰，增加透气性。

除了硬件配置，软装也很协调和舒适，悬挂的布艺更让整体的风格刚中带柔、柔中带刚。当一切近乎完美的时候，又一种建筑和历史所影响的风格就别具匠心的展现在世人面前了，而且是经久不衰！

摩洛哥风格设计的注意要点：

从结构上：对称，时尚，垂直构图，广泛使用尖拱和尖顶穹窿，建筑群的主体取集中式平面，建筑群常伴随着伊斯兰式花园。建筑上装饰高度发达的几何纹样图案，并采用彩色琉璃石砖，装饰性极强。

从颜色上：如果想要表现出摩洛哥风格中那种光彩夺目的美，可以使用鲜艳的色彩，比如亮蓝、紫色、天蓝、红色、粉红和绿色，或者使用当地土色色调设计比较柔的环境。

要想在任何房间里产生摩洛哥的风情，可以采用色彩活泼的马赛克，或点燃一盏镂空金属板制作的灯笼。

二、东方系统

（一）新中式风格

● 建筑风格特色

新中式风格诞生于中国传统文化复兴的新时期，"新中式"是传统中国文化与现代时尚元素在时间长河里的邂逅，以内敛沉稳的传统文化为出发点，融入现代设计语言，为现代空间注入凝练唯美的中国古典情韵。

中国风并非完全意义上的复古明清，而是通过中式风格的特征，表达对清雅含蓄、端庄丰华的东方式精神境界的追求。

在特征方面

新中式风格主要包括两方面的基本内容，一是中国传统风格文化意义在当前时代背景下的演绎；一是对中国当代文化充分理解基础上的当代设计。新中式风格不是纯粹的元素堆砌，而是通过对传统文化的认识，将现代元素和传统元素结合在一起，以现代人的审美需求来打造富有传统韵味的事物，让传统艺术在当今社会得到合适的体现，让使用者感受到浩瀚无垠的传统文化。

新中式风格，它的特点是将现代元素和传统元素进行了有机的结合，以现代人的审美需求去营造传统韵味。新中式风格大多数采用对称式的布局，用以营造清幽雅致的生活氛围，在装饰细节上崇尚自然情趣。

新中式风格细分之处还分为：北方合院派，南方园林派。而具体将区别在元素纹样、尺度、色彩、材质等直接之处，以空间营造的整体氛围气质为最终区别。

●抽象元素感知

● 室内空间效果

新中式风格的特点:

1. 原始功能在现代生活中不断演变、在形式基础上进行舒适变化，使传统家具的用途更加多元化。

2. 在家具布置上更加灵活随意。

3. 新中式风格非常讲究住宅的细节装饰，尤其是在面积较小的住宅中，往往可以达到"移步就变景"的装饰效果。

4. 新中式风格讲究纲常，讲究对称，以阴阳平衡概念调和室内生态。选用天然的装饰材料，运用"金、木、水、火、土"五种元素的组合规律来营造禅宗式的理性和宁静环境。

新中式风格的特征:

1. 具象的中式元素造型融入现代空间造型装饰。

2. 中式家具、饰品的元素夸张、简化和材质工艺变化。

3. 用现代的工艺和材质表现中式传统装饰元素。

4. 中式传统建筑、装饰元素成为象征符号、装饰手法。

5. 中式家具、装饰在现代空间演绎全新功能。

6. 风雅、清幽的空间氛围塑造。

7. 具有收藏价值的中式家具和饰品对空间的装点。

8. 红色成为表达中国的首要元素。

新中式设计思路:

1. 取其形:洗练或意象化使用中国传统建筑的造型和陈设元素。

2. 取其色:抽象并运用中国传统建筑常用颜色。

3. 取其质:使用中国传统建筑的木、青砖、青石、瓦等。

4. 取其意境:"禅"。

（二）韩式田园风格

● 抽象元素感知

　　韩式田园风格家具讲究的是一种切身体验，是人们从家居中所感受到的日出而作、日落而息的宁静与闲适。粗犷的体积、简化的线条、质朴的气息，透着阳光、青草、露珠的自然味道，仿佛随手拈来，毫不矫情，让人回味、留恋。

　　席地而坐，贴近自然，韩国的家具因为人的这种生活态度，而呈现"低姿"的特色，很难发现夸张的家具。韩国人席地而坐的习惯，仍在普通人家沿袭，这种贴近自然的生活态度，也让家具富有"低姿"特色。

●室内空间效果

● 壁纸推荐搭配

　　韩式田园本应是一种纯东方的田园风格，受中国和日本影响较明显，其在田园风格体系里本也并不鲜艳。但现代韩式田园已经是另一种全新的风格模式。它是一种将欧美的田园元素和现代生活方式的结合。可以说是现今国内最为流行，发展最为迅猛，又最有代表性的田园装修风格。不少人几乎将其与"田园风格"划上等号，但其历史甚至可以用"崭新"来形容了。它的流行与韩国流行文化特别是在国内的各个现代时尚领域风行息息相关。它属于一种在现代生活方式下催生的多元化现代田园风格。

　　韩式田园风格将经典的一定程度的欧美流行元素和现代的亚洲时尚生活方式较好的结合起来实现平衡和谐，以回归自然，温馨休闲的设计为特点，主体色调以浪漫的粉色系为主。浪漫的蕾丝、绿色植物，随处可见的卡通娃娃、毛绒地毯等装饰品，取材自然、回归乡村，打造质朴、自然、悠闲的氛围。但韩式田园风格具有更细腻质朴的特色。从纯粹的北欧式家具发展而来的韩式田园风格，更多的是一种内敛而精致，因此深受当今时尚人士特别是时尚白领女人们的推崇和青睐。韩式家具比起美式家具来，少了一分大气，多了一分细腻，多了几分娟秀小巧。依靠装饰来表现自然可爱浪漫的气氛。
　　韩式田园风格的家具就像风行的韩国现代流行文化一样，总有一种说不出来的卡通气息，童话氛围。韩式田园风格选材及装饰手法，主要是使用优雅小碎花，纯净的色彩和温暖的面料为主，韩式小碎花墙纸装饰墙面，颜色显得低调的，不喧宾夺主。而使用纯色蕾丝窗帘，则显得自然而不失优雅。

（三）东南亚风格

● 室内装饰元素

　　一提起东南亚风情，就会让人想起新马泰、印尼、越南、柬埔寨等国绮丽的风光、独特的风俗文化。在现代科技的迅速发展和国与国经济贸易的交流背景下，东南亚风格建筑、园林景观和家居饰品越来越受业主们的青睐，大行其道之势，究其原因，可能与其崇尚自然、健康、休闲的特质，风土人情与周边环境的融为一体，以及浓郁、绮丽、浪漫等各种充满想象力的混搭，有着密不可分的联系。

　　"禅风妙影"是典型的东南亚风格，这种风格的特点是原始、自然，色泽鲜艳，崇尚手工。

　　在造型上，融入简约的线条，粗犷原始的设计感，凸显热带风情；在色彩上，以深色为主色调，绚丽的色彩点缀，突出东南亚的神秘感。

　　在材质上，原木、藤条等，取材自然，原汁原味。东南亚风格一般会选用稳重凝练的实木家具，线条粗犷，雕刻精美，突出热带雨林气息。

　　在配饰上，将亚洲文化凝结成象征意味浓郁的系列符号，并通过不同材料和色调的搭配，在保留自身特色之余，产生了更丰富多彩的变化。宗教用品、纱幔、菩提树是主要表现元素。

●抽象元素感知

在世界范围内，东南亚大量移民的进入对当地文化发展的影响；中世纪以来受到阿拉伯文化和西方殖民文化的影响，使东南亚地区形成多元化的殖民地风格。长期处于附属国与殖民地的状态使其建筑与室内装饰上多元化，东南亚是信奉佛教的地方，宗教因素对建筑和装修风格影响深远，佛像也就成为家中不可或缺的陈设，保佑平安之余，也别有一番视觉美感。因此，形成了东南亚风格独有的神圣感性、清雅神秘的氛围。而这种氛围，正是东南亚风格的精髓所在。

东南亚国家的地理位置很特殊，处于非洲、欧洲、澳洲、亚洲几大板块的交接地，大陆板块的地震作用导致了板块破裂，号称"千岛之国"的国家在东南亚国家中不少。

● 风格学习重点

东南亚风格的装饰要素：

1. 取材自然，别开生面

取材自然是南亚家居最大的特点，由于地处多雨富饶的热带，南亚家具大多就地取材，比如印度尼西亚的藤、马来西亚河道里的风信子、海藻等水草，以及泰国的木皮等纯天然的材质，散发着浓烈的自然气息因此在色泽也表现为以原藤、原木的原木色色调为主，或多为褐色等深色系，在视觉感受上有泥土的质朴，原木的天然材料搭配布艺的恰当点缀，非但不会显得单调，反而会使气氛相当活跃。南亚家具的设计往往抛弃了复杂的装饰线条，取而代之以简单整洁的设计，为家具营造清凉舒适的感觉。

2. 色彩搭配，斑斓高贵

在南亚家居中最抢眼的装饰要属绚丽的色彩，由于南亚地处热带，气候闷热潮湿，为了避免空间的沉闷压抑，因此在装饰用夸张艳丽的色彩冲破视觉的沉闷；斑斓的色彩其实就是大自然的色彩，在色彩回归自然也是南亚家居的特色。东南亚风格不乏许多有创意的民族，不乏独特的宗教和信仰，带有浓郁宗教情结的家饰也相当风靡。走进芭堤雅，随处是人面具多宝神器羊皮花器火焰木雕等等，让人眼花缭乱，却是置身于个别致的民族当中。

3. 生态饰品：拙朴禅意

大多以纯天然的藤竹柚木为材质，纯手工制作而成，比如竹节袒露的竹框相架名片夹，带着几分拙朴，地地道道的泰国味；参差齐的柚木相架没有任何修饰，却仿佛藏着无数的禅机，这些生态饰品以椰子壳、果核、香蕉皮、蒜皮等为材质，其色泽纹理有着人工无法达到的自然美感；而更多的草编、麻绳编结成的花篮，由豆子竹节穿起来的抱枕，或者由粒粒咖啡豆穿起来的小饰品都有异曲同工之妙，以它们质朴的外表掳获了少消费者的芳心。

三、现代系统

（一）Art Deco 风格

● Art Deco 建筑风格的形成

Art Deco 演变自十九世纪末的 Art Nouveau（新艺术）运动，当时的 Art Nouveau 是资产阶级追求感性（如花草动物的形体）与异文化图案（如东方的书法与工艺品）的有机线条。Art Deco 则结合了因工业文化所兴起的机械美学，以较机械形式的、几何的、纯粹装饰的线条来表示，电器类的蓝色、警报器的黄色，到探戈的橘色，及带有金属味的金色、银白色以及古铜色等等。同时，随着欧美帝国资本主义向外扩张，远东、中东、希腊、罗马、埃及与马雅等古老文化的物品与图腾，也都成为了 Art Deco 装饰的素材来源，如埃及古墓的陪葬品、非洲木雕、希腊建筑的古典柱式等等。

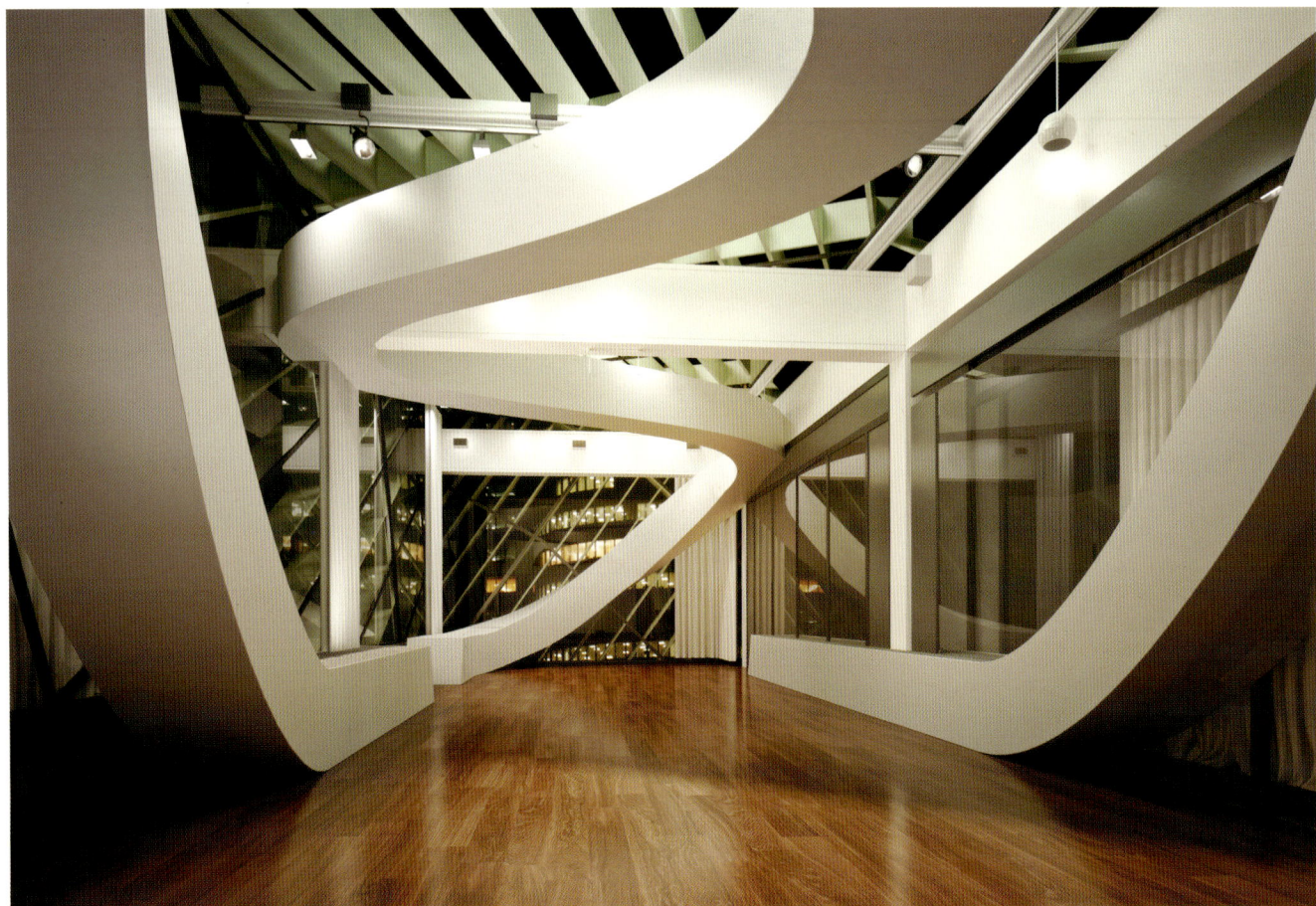

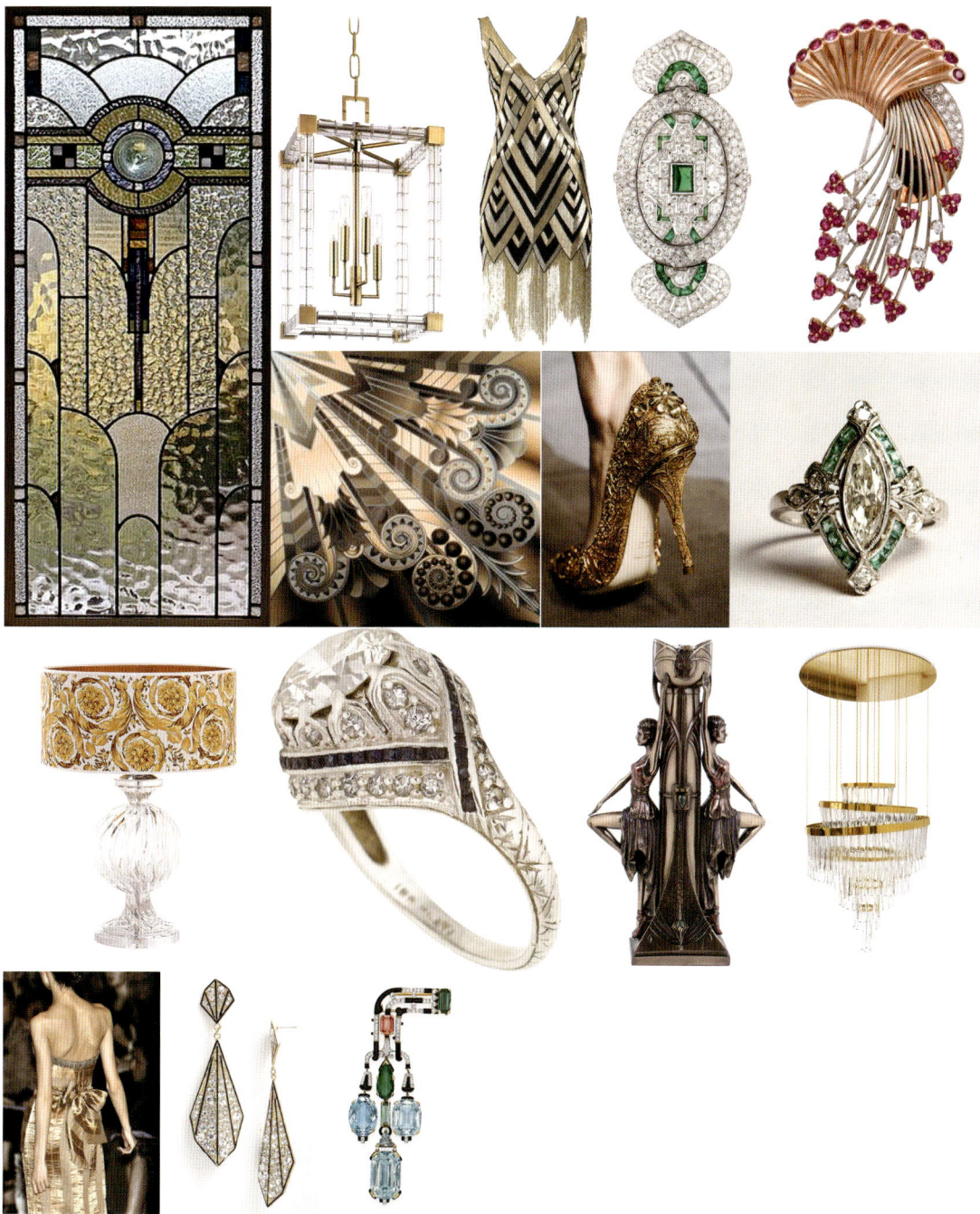

Art Deco 虽然是现在装饰艺术上的一种运动，但是同时也影响了建筑等许多其它方面。这个运动的名词是起自 1925 年在巴黎举办的第一届"艺术装饰与现代工业博览会"（The Exposition Internationale des Decoratifs et Industriels Modernes），但是 Art Deco 并不是由这个展览起源的，它其实是 1920 年代早期就在欧洲流行的一种风格，受到了非洲、埃及、墨西哥印第安人原始艺术、维也纳工业组织运功早期作品、里昂巴克斯特（Leon Bakst）替俄国芭蕾舞团团长狄亚基列夫（Sergei Diaghilev）的芭蕾舞剧所做的舞台背景与服饰设计、立体派（Cubism）、未来派（Futurism）、新古典主义（Neoclassicism）、爵士风格艺术等等许多艺术风格的影响。

Art Deco 要等到 1928 年至 1930 年代才在英、美风行，到了 1960 年代有再一次的流行起来。

●室内空间效果

    到了 20 世纪初，各种新的建筑思潮不断涌现；构成主义、未来主义、表现主义和风格派纷纷跳出古典主义的圈子。但新古典主义并没有因此消亡，而是与 20 年代后期流行于西方的装饰艺术派（Art Deco）巧妙地结合，形成一种古典精神的摩登表达。

    由于（Art Deco）在装饰题材选用方面十分广泛，并且与传统形式有着密切联系，所以新古典主义的元素很自然地成为其重要的形式来源。而 Art Deco 看重的是装饰和视觉效果，对新古典的理性与创新的核心思想没有兴趣；相反，在追求炫富的审美驱动下，强调轴对称布局，三段式构图的新古典主义被大量用于装饰艺术派建筑中。其中流行与美国的折线形摩登派（Zig Zag Moderne）将新古典主义的比例关系进一步运用于大量建造的商业摩天楼之中。

Art Deco 建筑的主要特征

1. 放射状的太阳光与喷泉形式：象征了新时代的黎明曙光。
2. 摩天大楼退缩轮廓的线条：二十世纪的象征物。
3. 速度、力量与飞行的象征物：交通运输上的新发展。
4. 几何图形：象征了机械与科技解决了我们的问题。
5. 新女人的形体：透露了女人赢得了社会上的自由权利。
6. 打破常规的形式：取材自爵士、短裙与短发、震撼的舞蹈等等。
7. 古老文化的形式：对埃及与中美洲等古老文明的想象。
8. 明亮对比的色彩。

Art Deco 也普遍被认为是现代主义（Modernism）早期的一种形式。

    在时尚与传统的结合中，Art Deco 既不同于严格遵从古典形式的新古典主义；又有别于完全抛弃历史的现代主义，而是介乎保守和激进之间的设计风格。通过对古典对称与现代简约的综合，同时象征过去与未来，保持着中庸的审美取向。

（二）现代简约风格

● 室内装饰元素

●现代简约风格起源

简约主义源于 20 世纪初期的西方现代主义，是由上个世纪 80 年代中期对复古风潮的叛逆和极简美学的基础上发展起来的。90 年代初期，开始融入室内设计领域。简约风格的特色是将设计的元素、色彩、照明、原材料简化到最少的程度，但对色彩、材料的质感要求很高。因此，简约的空间设计通常非常含蓄，往往能达到以少胜多、以简胜繁的效果、以简洁的表现形式来满足人们对空间环境那种感性的、本能的和理性的需求，这是当今国际社会流行的设计风格——简洁明快的简约主义。而现代人快节奏、高频率、满负荷，已让人到了无可复加的接受地步。人们在这日趋繁忙的生活中，渴望得到一种能彻底放松、以简洁和纯净来调节转换精神的空间，这是人们在互补意识支配下，所产生的亟欲摆脱繁琐、复杂、追求简单和自然的心理。

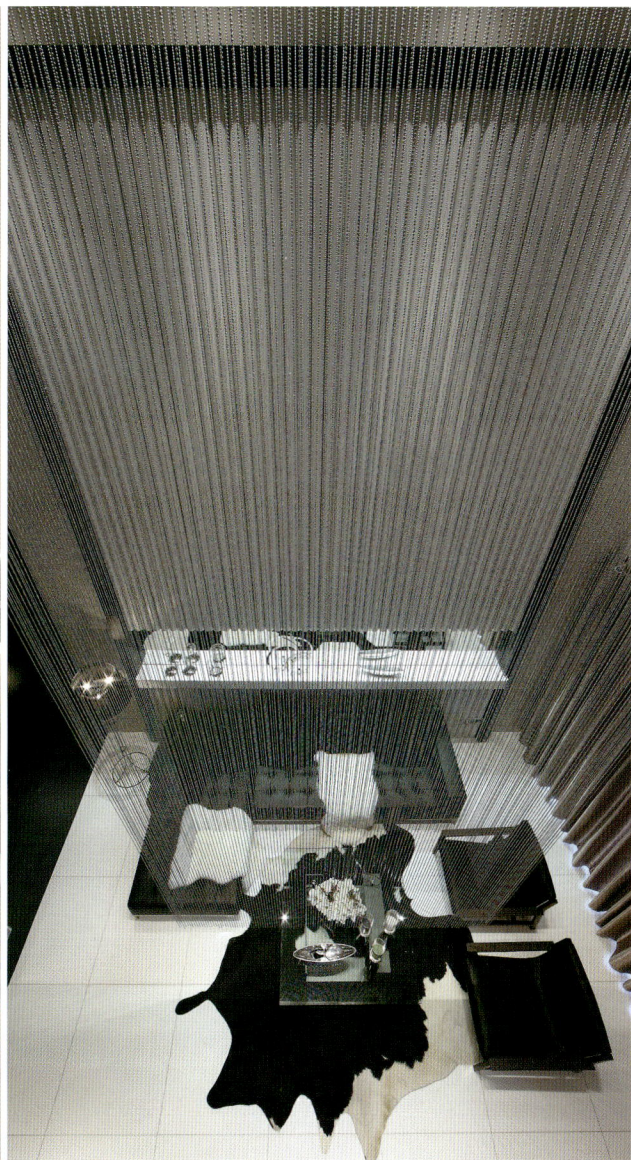

很多人把现代简约风格误认为是"简单+节约"，结果出现造型简陋、工艺简单的现代简约。其实现代简约风格非常讲究材料的质地和室内空间的通透哲学。一般室内墙地面及顶棚和家具陈设，乃至灯具器皿等均以简洁的造型、纯洁的质地、精细的工艺为其特征。尽可能不用装饰和取消多余的东西，认为任何复杂的设计，没有实用价值的特殊部件及任何装饰都会增加建筑造价，强调形式应更多地服务于功能。室内常选用简洁的工业产品，家具和日用品多采用直线，玻璃金属也多被使用。打造一个更为简单的环境给自己的身心一个放松的空间。

装饰要素：

1. 金属是工业化社会的产物，也是体现简约风格最有力的手段。各种不同造型的金属灯，都是现代简约派的代表产品。

2. 空间简约，色彩就要跳跃出来。苹果绿、深蓝、大红、纯黄等高纯度色彩大量运用，大胆而灵活，不单是对简约风格的遵循，也是个性的展示。

3. 强调功能性设计，线条简约流畅，色彩对比强烈，这是现代风格家具的特点。此外，大量使用钢化玻璃、不锈钢等新型材料作为辅材，也是现代风格家具的常见装饰手法，能给人带来前卫、不受拘束的感觉。由于线条简单、装饰元素少，现代风格家具需要完美的软装配合，才能显示出美感。

4. 在壁纸的选用上，则选用简约的线条、几何图形、纯色、肌理感的壁纸。从色彩、材质、纹样上融合现代简约空间的所需格调。

简约并不是缺乏设计要素，它是一种更高层次的创作境界。在室内设计方面，不是要放弃原有建筑空间的规矩和朴实，去对建筑载体进行任意装饰。而是在设计上更加强调功能，强调结构和形式的完整，更追求材料、技术、空间的表现深度与精确。用简约的手法进行室内创造，它更需要设计师具有较高的设计素养与实践经验。需要设计师深入生活、反复思考、仔细推敲、精心提炼，运用最少的设计语言，表达出最深的设计内含。删繁就简，去伪存真，以色彩的高度凝练和造型的极度简洁，在满足功能需要的前提下，将空间、人及物进行合理精致的组合，用最洗练的笔触，描绘出最丰富动人的空间效果，这是设计艺术的最高境界。空间是室内的根本，是现代简约的主要构成元素。

（三）工业风格

● 室内装饰元素

工业时代的设计指的是 18 世纪欧洲工业革命之后的设计，以瓦特蒸汽机和珍妮纺纱机发明为开端的工业革命中，产品生产工艺出现了以下重大的变化：以钢铁、塑料为代表的新生产原料大量出现，取代手工业时代的传统原料；以煤、电、石油和蒸汽机、发电机为代表的新能源和动力大量出现，取代了传统手工业的动力来源——畜力和人的体力；以瓦特蒸汽机和珍妮纺纱机为代表的新的自动机器，替代了手工操作，预示了大发明时代的到来，生产效率大大提高，生产规模急速膨胀；以机器为生产手段的生产组织形式——工厂出现，形成了更为细致的生产分工；以轮船、飞机、电报、电话为代表的新的交通工具和通讯工具使得人类交流和文化传播的效率大大提高；科学和工业紧密的结合起来，更多的参与到生产过程中。从设计的角度来看，机器代替手工生产带来的最大变化是设计过程和制造过程分离，设计逐渐作为一个独立的行业出现了，开始了真正意义上的现代设计的进程。工业时代的设计在发展的过程中，不断跟随科学技术的变革，加深对机械语言的理解，形成了很多次影响整个社会的设计运动以及众多的不同风格的设计流派，这些运动、流派和在一起就形成了现代主义设计潮流，对后世设计产生重要的影响。

●抽象元素感知

● 室内空间效果

工业风格在美国被发扬光大，广泛用于酒吧、工作室、LOFT 住宅的装修中，如今我们所说的工业风格，指的就是"美式工业风"。

然而工业风并非起源于美国。它起源于 19 世纪末的欧洲，就是巴黎地标——埃菲尔铁塔被造出来的年代。很多早期工业风格家具，正是以埃菲尔铁塔为变体。

它们的共同特征是金属集合物，还有焊接点、铆钉这些公然暴露在外的结构组件；当然更靠后的设计又融进了更多装饰性的曲线。

二战后，美国人在制造业上雄霸一方，材料和工艺运用上日趋成熟，塑料、板材、合金等更丰富的材料越来越多被运用到工业家具设计里。那个年代的美式工业风不仅提倡质地轻巧、不易生锈的家具，它们完全 PK 掉了欧洲人生产的洋气家具，更为廉价甚至功利。

美国人说，我们以"P.A.M."为定位，即"practical, affordable, massproduced"——实用、买得起、可量产。

伴随着新式材料的盛行，20 世纪 90 年代，从事艺术、文化、设计工种的新一代嬉皮士，开始把大量时间花在写字楼和家庭之外的咖啡馆、餐厅、工作室。这些地方，被统称为"第三空间"，他们的审美取向对"第三空间"又直接产生了影响，直接促成了美式工业风的流行。

● 工业风格装饰元素

1. 黑白
工业风的基础色调选择黑白灰色系准没错。黑白灰色系营造的雄性、冷静、理性的质感，就是工业风的路子，而且使用面积不能小。

2. 铁艺
工业风中不得不说的元素便是铁艺制品，无论是楼梯、门窗还是家具甚至配饰，都可以大胆使用铁艺。持久耐用、粗犷坚韧、外表冷峻、酷感十足。而铁艺品的冰冷感可以用大量的布艺、木制品去中和。

3. 裸砖墙
自然、粗野的裸砖常用于室外，但在工业风中，常把这一元素运用到室内，老旧却摩登感十足。裸砖符合工业风不羁的特性；局部用裸砖，可以与室内其它墙面形成视觉反差，更出彩；可以根据自己的喜好给它刷上颜色。

4. 裸屋顶
不吊顶，看见裸露的管线，这也是工业风特有的元素，让层高更高。不要害怕裸露的屋顶，你只需要安排好管线的排布便可，如果你想更整体或者更有特色一点，可以给顶面整体刷上颜色。

5. 水泥墙
水泥墙是后现代建筑师最爱的元素之一，可以让人安静下来，静静享受室内空间的美好。如果是普通公寓可以选择单面用水泥墙或者水泥设计效果的壁纸。

6. 大胆用色
工业风的主要元素都是无彩色系，略显冰冷。但这样的氛围对色彩的包容性极高，所以你可以多用彩色软装、夸张的图案去搭配，中和黑白灰的冰冷感。工业风也可以是很温馨的。而且工业风通常意味着"艺术范儿"，而色彩是对艺术最极致的一种表达。

7. 简单或复古的灯
工业风中，灯的运用极其重要。如右面示范，极简造型或复古造型的灯，甚至是霓虹灯，都是最佳选择。而且，因为工业风多数偏暗，可以多使用射灯，增加电光源的照明。

当然，如果空间"工业味儿"够足，水晶灯也不是不能用，要知道，工业风其实对软装的风格非常有包容力。

8. 皮质元素
皮质家具非常具有年代感，特别是做旧的，很 vintage，简直就是工业风的好哥们儿。

9. 做旧元素
这一点简直无须废话。重度工业风痴迷人士请大胆使用各种出没于恐怖片的做旧元素，从破烂的墙壁到年久失修的家具、大门，都是好"道具"。

10. 细节装饰技巧
羊头、牛头、油画水、彩画、工业模型等细节在关键时刻起到的作用，会有意想不到的效果。

壁纸 & 基础

BASIS

第一节 常见墙面装饰材料

当壁纸为墙面常见的装饰材料之时，我们看看其他常见装饰材料都有哪些优缺点呢？

涂料

乳胶漆

它是一种以水为介质，以丙烯酸酯类、苯乙烯 - 丙烯酸酯共聚物、醋酸乙烯酯类聚合物的水溶液为成膜物质，加入多种辅助成分制成，其成膜物是不溶于水的，湿擦洗后不留痕迹，并有平光、高光等不同装饰类型。

多彩涂料

该涂料的成膜物质是硝基纤维素，以水包油形式分散在水相中，一次喷涂可以形成多种颜色花纹。

硅藻泥

"硅藻"为原料的功能性，"泥巴"属性的的环保性和装饰性。硅藻泥在墙面装饰的表现中重点为施工工人的技术。

优点：重量轻，色彩鲜明，附着力强，涂料整体来讲价格低于壁纸，耐水，耐污，耐老化。

缺点：色彩、花型、材质单一，表现力局限。

人造装饰板

　　优点：轻质高强易于加工，有弹性，韧性，热容量大，装饰性好。

　　缺点：随周围湿度变化，易膨胀收缩，易腐蚀及虫蛀，易燃烧，天然瑕疵较多。

　　在室内装饰方面木材美丽的天然花纹给人以淳朴、亲切的质感表现出朴实无华的传统自然美从而获得独特的装饰效果。

　　木材轻质高强易与加工有较高的弹性和韧性热容量大装饰性好。但木材也有缺陷如内部结构不均匀导致各向异性易随周围湿度变化而改变含水量引起膨胀或收缩易腐蚀及虫蛀、易燃烧、天然瑕疵较多等。

石材瓷砖类

分类：
天然石材
天然大理石、花岗岩、石材结构致密抗压强度高，耐水性、耐磨性、耐久性好，纹理自然，质感厚重，庄严雄伟的艺术效果。

缺点：质地坚硬，难于加工，自重人、开采运输不方便，辐射。

建筑石材
天然装饰石材指天然大理石和天然花岗岩（天然石材是从天然岩体中开采出来年并加工成块状或板状材料的总称。）

天然石材的主要优点如下：
1. 蕴藏丰富分布很广便于就地取材。
2. 石材结构致密抗压强度高。
3. 耐水性、耐磨性、耐久性好。

4. 装饰性好石材具有纹理自然、质感厚重、庄严雄伟的艺术效果。

天然石材的主要缺点是质地坚硬、加工困难自重大、开采运输不方便，个别石材可能含有放射性需要进行必要的检测。

天然石瓷主要用于宾馆、饭店、酒楼、展厅、博物馆、办公楼、会议室、大厦等高级建筑的室内墙壁。

人造石材是近年来发展起来的一种新型建筑装饰材料，无论在材料加工生产、适用范围方面还是在装饰效果的产品等方面，都显出极大的优势成为一种极具发展前途的建筑装饰材料。

釉面砖是陶瓷建筑材料中较为常用的一种过去习惯称为"瓷砖"。釉面砖具有很多优良性能，它色泽柔和典雅热稳定性能好防火强度高抗冻、防潮、耐酸碱绝缘、抗急冷急热并且易于清洗。主要用于厨房、浴室、卫生间、实验室、精密仪器车间等室内墙面。

玻璃金属类

优点：装饰性，透光性，折射性，多色性，装饰活性，动态生命，色泽效果突出。

缺点：造价高，硬度大，装饰表面精度要求高。

建筑玻璃的装饰性能很丰富，玻璃的装饰特性可划分成：

玻璃的透光性、玻璃的透明性、玻璃的半透明性、玻璃的折射性、玻璃的反射性、玻璃的多色性、玻璃的光亮性、玻璃表面图案的多样性、玻璃形状多样性、玻璃安装结构的多样性。

不仅如此玻璃的装饰性能是活性的、是动态的、是充满着生命活力的。它与日光辉映可使建筑物色彩斑斓、光彩照人。

墙纸

优点：图案丰富，吸声，隔热，防菌，防火，防裂，耐擦洗，覆盖力强，颜色持久，不易损伤，易于更换，装饰效果强，风格色彩多样……

缺点：受墙面与工艺影响有翘边、显缝的情况。

1. 墙纸具有相对不错的耐磨性、抗污染性，便于保洁等特点。

家庭生活中我们首先考虑的是擦洗，和乳胶漆相比墙纸的这方面的性能极为优越，虽然清洗度无法与瓷砖相媲美，但是质感却比瓷砖略胜一筹！

2. 墙纸具有防裂功能

生活的经验告诉我们，没有不裂的乳胶漆！在保温板上做乳胶漆，不管是加了的确良布还是绷带，交工之后没有多长时间，有的裂缝便显露出来，而墙纸能很好地起到规避这一缺陷的作用。只要铺装到位，细小的裂缝就不会再出现。

3. 墙纸具有很强的装饰效果

不同款式的墙纸搭配可以营造出不同感觉的个性空间。无论是简约风格、乡村风格、田园风格，还是中式、西式、古典、现代，墙纸都能勾勒出全新的感觉，这是乳胶漆或其他墙面材料无法比拟的。

4. 墙纸与漆或涂料的比较

在颜色上，墙纸可以在一个墙面上，体现各种不同颜色、不同深度、不同亮度的设计。而漆或涂料在一个墙面上只能有一种颜色。

在立体效果上，墙纸可以在一面墙上，设计出多种不同图案及深度的立体效果，而漆或涂料只能有单一的平面效果。

在设计风格上，墙纸可以设计出各种纹路，如布纹、麻纹、木纹、石纹、沙粒纹、丝线纹、砖石纹、和其他抽象的纹路，而涂料和漆只能有一种纹路。

5. 墙纸的性价比与使用实用度远高于其他材质

壁纸在材质、色彩、工艺、品牌差异性上与其他墙面装饰材料来看，装修预算或高或低，可以随时调整装修预算。

6. 铺装简单

现在很多楼盘交房时仅做防水腻子，只需要在原有腻子上打磨然后薄薄的滚涂一层清漆处理或基膜即可铺装墙纸，比起乳胶漆的处理简便易行的多，且墙纸的铺装时间短，可以大大缩减工期！

7. 后期更换简单方便

壁纸在后期空间格调的调整上，免除了大面积返修，大范围施工的烦恼，简单的墙纸更换，就可以给空间焕然一新的感觉。

8. 环保性能

目前普通纸基 PVC 墙纸的环保性能已经完全能够达到国家的环保要求，更不用说整装原装进口的欧标环保标准的壁纸品牌。

第二节 壁纸发展历史

壁纸的起源

● 壁纸的起源

　　壁纸的起源可以追溯到原始社会。人类从来没有停止过美化居室的脚步。在人类文明的婴幼儿时期，语言尚未形成，符号与图像亦无明确区分。这些既像人类的面部，又仿佛太阳光芒四射的图案，反映了早期人类对自然的原始感知。由于工具简陋，线条显得粗糙、稚拙，但其大胆地创新、生动的形象巳然初具艺术的基本要素。原始社会人类居室中内墙的装饰悬挂物，如兽皮、贝壳，这就是壁纸的起源。

● 壁纸发展的第一阶段（文艺复兴时期）

　　基于中国蔡伦的造纸术，文艺复兴时期的艺术人文成就为壁纸的发展奠定了基础。
　　文艺复兴是指 14～16 世纪在欧洲各国兴起并盛行一场思想文化运动，带来一段科学与艺术的革命时期。

● 壁纸发展的第二阶段（工业革命时期）

18～19世纪英国人莫利斯开始大批量生产印刷壁纸，工业革命中生产工具的改善和生产关系的改变使壁纸进行规模化、标准化生产成为现实，有了现代意义上的壁纸。最初的壁纸只用于王室，是尊贵、奢华的象征。

● 壁纸发展的第三阶段（二战后）

二战后大量的新材料在民用方面的运用使壁纸的发展进入现代壁纸的阶段。壁纸开始大量走进居家生活。其具代表意义的就是发泡壁纸。到了20世纪80年代末，随着橡胶工业的发展，出现了发泡壁纸的替代品——胶面壁纸。

欧美：50～60年代
港台：60～70年代
大陆：80～90年代

●壁纸发展的第四阶段

20 世纪 90 年代末到 21 世纪初，布纹感的壁纸开始流行。

●壁纸发展现阶段

现在，随着人们对休闲、舒适和环境要求的进一步增长，主题为"绿色环保，回归自然"的壁纸将更容易被消费者接受。而根据个性追求与生活方式的各不相同，壁纸的墙面装饰效果将在室内装饰中起到越来越重要的作用。

第三节 壁纸材质基础

墙纸—壁纸

当前壁纸在日本、俄罗斯民用的普及率接近 100%，在欧美国家也有 70% ~ 90% 的普及率，在中国目前的普及率还不到 10%！

墙纸是墙面装饰材料中的一种。壁纸范围稍广，除了墙面壁纸之外，还有电脑桌面等电子设备背景图的意思。言归正传，在室内设计行业，这两者都可以应用。

优点：图案丰富，吸声，隔热，防菌，防火，防裂，耐擦洗，覆盖力强，颜色持久，不易损伤，易于更换，装饰效果强，风格色彩多样……

缺点：铺贴工艺

墙纸，也称为壁纸，英文为 Wallcoverings 或 Wallpaper，它是一种应用相当广泛的室内装修材料。因为墙纸具有色彩多样，图案丰富，豪华气派、安全环保、施工方便、价格适宜等多种其它室内装饰材料所无法比拟的特点，故在欧美、日本等发达国家和地区得到相当程度的普及。壁纸分为很多类，如覆膜壁纸、涂布壁纸、压花壁纸等。通常用漂白化学木浆生产原纸，再经不同工序的加工处理，如涂布、印刷、压纹或表面覆塑，最后经裁切、包装后出厂。因为具有一定的强度、美观的外表和良好的抗水性能，广泛用于住宅、办公室、宾馆、酒店的室内装修等。

按照壁纸材质分类

●纯纸墙纸

纯纸类墙纸又叫木浆纤维墙纸，这类墙纸是在特殊耐热的纸上通过平面多色印刷、凹凸版印刷、柔版印刷、圆网印刷（丝网印刷）、喷墨印刷，与压花模具相结合生产加工而成，性能优越，克服了很多普通壁纸的不足，是经典环保的高档壁纸。

纯纸壁纸分为两种：

原生木浆纸——以原生木浆为原材料，经打浆成型，表面印花。该类壁纸相对韧性比较好，表面相对较为光滑，色彩更丰富靓丽，单平米的比重相对比较重。

再生纸——以可回收物为原材料，经打浆、过滤、净化处理而成，该类纸的韧性相对比较弱，表面多为发泡或半发泡型。单平米的比重相对比较轻。

纯纸类墙纸特点：

1. 高环保性，即不含任何聚氯乙烯、聚乙烯和氯元素，完全燃烧时，只产生二氧化碳和水，无化学墙纸所产生的浓烈黑烟和刺鼻刺眼的气味。

2. 良好的透气性，由于木浆纤维的环保原料特性，具有呼吸功能，透气、防潮、防霉变性能良好。

3. 印刷清晰度高，色彩丰富，视觉立体感强且自然典雅，光泽柔和，并具有良好的光稳定性能，以及极好的上墙效果。

4. 作为欧洲儿童房间指定专用型壁纸。

5. 纯纸表面比较平滑，具有抗电性和不吸层的特性。

6. 纯纸的壁纸耐水性相对比较弱，因此在潮湿的地方不宜使用。

纯纸壁纸能够轻易撕开，看到里面的植物纤维

胶面墙纸

● 胶面

（实际销售中称：纸基）

"纸浆复合壁纸"，实质表面为 PVC 材质，既塑胶材质，质感浑厚，经久耐用。

目前使用最广泛的产品，在全世界的使用率占到 70% 左右。

胶面类			
纸底胶面	无纺低胶面	布底胶面	发泡类

　　胶面类墙纸是用 80 ～ 100 克 / 平方米的纸作基材，涂塑 100 克 / 平方米左右的 PVC 糊状树脂，再经印花、压花而成。

　　胶面类墙纸特点：纹理深、机理感强、质感厚实、饱满，具有很强的韧性，柔韧耐磨、抗磕碰、抗拉扯、可擦洗。品种、花色丰富，图案逼真、触觉立体感强，视觉冲击力强但缺乏变幻及神秘感。施工方便、简单、接缝不明显、是目前市面最常见且用量最大的墙纸种类。

发泡墙纸

胶面类墙纸中比较特殊一种为发泡墙纸，发泡墙纸用 100 克 / 平方米的纸作基材，涂塑 150 ～ 400 克 / 平方米掺有发泡剂的 PVC 糊状树脂，印花后再高温发泡而成。这类墙纸比普通壁纸显得厚实、松软。其中高发泡壁纸表面呈富有弹性的凹凸状；低发泡壁纸是在发泡平面上印有花纹图案，形如浮雕、木纹、瓷砖等效果。

区别"环保"与"健康"

环保：人类为解决现实的或潜在的环境问题，维持自身的可持续存在和发展而进行的各种实践活动的总称，PVC 生产过程污染。

健康：健康是指一个人在身体、精神和社会等方面都处于良好的状态，PVC 产品对人身体无害。

婴儿奶瓶奶嘴，我们喝水的杯子，餐盒餐具等等都是 PVC。

无纺墙纸

无纺壁纸是由丝、羊毛、棉、麻等纤维通过不规则的编织制成。又叫布浆纤维或木浆纤维，是目前国际上最流行的新型绿色环保壁纸材质。

无纺类墙纸克服了很多墙纸的不足，其色彩柔和，花型多样，为经典、实用的高档墙纸。其抗拉扯效果优于普通壁纸 8 ～ 10 倍，且防霉、防潮，使用寿命是普通壁纸的 2 ～ 3 倍。对人体没有任何化学侵害，透气性能良好，墙面的湿气、潮气都可透过壁纸，便于长期使用，也就是我们常说的"会呼吸的壁纸"，是健康家居的首选。

无纺类墙纸特点：

1. 环保性高、透气性强，能有效地挥发墙体内的湿气与水分。
2. 韧性强，抗拉扯效果由于普通类壁纸 8 ～ 10 倍。
3. 质感柔软细腻、色彩柔和舒适、花型高尚雅致。
4. 有保暖、吸音等特殊功能。
5. 易于施工、可重复使用。

如何辨别无纺类墙纸：

材质：无纺类墙纸材质也有好坏之分，比如芬兰奥斯龙公司生产的无纺墙纸原料，其无纺丝长且坚韧，抗拉伸力强，且均为天然材料。

克重：辨别无纺类墙纸并不依靠手摸其厚度，而是要看单位面积内无纺丝的含量。

材质

木纤维

用手撕开壁纸，比较费力，能明显感觉到其抗拉扯力。断面可以看见明显的木纤维丝。

织物墙纸

葛藤皮

马尼拉麻

　　天然织物类墙纸用天然材质如草本、藤、竹、叶材等编制而成。此类壁纸在全世界的占有率较少，为1%左右。具有吸音、透气、散潮湿、不变形等优点。这种墙纸，具有自然、古朴、粗犷的大自然之美，富有浓厚的田园气息，给人以置身于自然原野之中的感受。

　　天然植物纤维墙纸，主要以黄麻、剑麻、竹片、葛藤、蒲草、莞草、三角草、芦苇、木浆纸为原料。

亚麻融入无纺布，防水，易打理

布基墙纸

　　布基墙纸是以布为底层（布可以是化纤布或纯棉布，但一般使用纯棉布，因为它稳定不变形，易吸收胶水，容易施工，并在使用中不开裂），在上面负荷一层 PVC 膜或其它面层。它可以做各种图案，各种颜色及各种机理的纹路。并且可仿各种天然材料的纹理，可满足不同场所、不同层次人群的室内装修的需要。布基墙纸易于施工，特别适合产业化，流水作业施工，可以加快施工进度，布基墙纸粘贴后不变形、不卷曲，在施工中比较容易粘贴，由于它比较结实，在施工中可反复粘贴，不会损坏。

壁布分类

布面壁纸：

是壁纸家族中的高级品种，是指那些采用天然的棉花与纱、丝、羊毛类等为表层而制成的高级织物布面壁纸。由于原材料采用了不使用化学肥料及农药的无污染棉花等天然纤维，彻底杜绝了可能影响健康、环境的任何不良因素，所以被称为是安全性最高的织物壁纸。

布面壁纸重材质表现，图案也以古朴素雅为主，拥有丰富的肌理、高雅的色泽和细腻柔和的质感，用这种壁纸装饰居室，能够营造温暖、素雅的氛围，给人以高尚雅致、柔和舒适的感觉。适合用于高档公寓别墅的居室装饰。

壁布可以分为以下种类：

1. 纱线壁布：用不同式样的纱或线构成图案和色彩。
2. 织物壁纸：有平织布面、缇花布面和无纺布面。
3. 植绒壁布：将短纤维植入底纸，产生质感极佳的绒布效果。

织物

纱线

布面

植绒

壁布特点

1. 天然织物壁布环保度更高，安全环保。

2. 在质感上，壁布的手感比壁纸更加柔和温润，高雅时尚。

3. 壁纸色牢度差，长时间铺贴会褪色、变黄破坏室内环境；壁布由于是纺织而成，棉、麻、丝具有较好的固色能力，能长久保持铺贴效果。

4. 壁纸在空气湿度大的环境容易滋生霉菌，不但破坏了装饰效果，而且壁纸也被破坏且不可修复；而壁布防潮透气性明显强于壁纸，一旦污染极易清洗，且不留痕迹。

5. 壁布采用的棉、麻、丝纺织工艺有对声波产生漫散、浸透和软反射的作用，故其吸音、消音、隔音效果更强于壁纸。

6. 壁布以各类纯布作为表面主材，具有很强的抗拉性。对于墙面因腻子原因造成的裂缝问题起到了遮盖、保护、凝聚的作用。

保养：

布面壁纸由于其天然材质的特性，其保养必须精心，只要定期用吸尘器清除表面浮尘，用微湿软布轻擦即可。

易混淆概念：

植绒

绒面

发泡

金箔墙纸

金箔类壁纸：

又称金墙纸、金壁纸、手工金壁纸、手工金墙纸，是一种特殊高档、豪华手工墙纸，是建筑装饰材料的一种。将 99.99% 的金属（金、银、铜、铂等）经过十几道特殊工艺，捶打成十万分之一的薄片，然后经手工贴饰于原纸表面，再经过各种印花等加工处理，最终制成金箔壁纸。

特点：繁富典雅、高贵华丽，这是金属墙纸带给我们的体验。不过，通常这种感受只有在酒店、餐厅或者是夜总会里才能拥有。现代家居特殊效果墙面小部分采用。

金箔类壁纸特性

1. 金属光泽自然，富贵奢华。
2. 造价较高，房间主人的尊贵体现。
3. 具备金属特质：导电、具有延展性。
4. 遇酸碱性易产生化学反应。
5. 不可折叠，易出折痕、死褶。
6. 施工要求高，不可用刮板直接刮。

金箔壁纸≠金属色 PVC 墙纸

特殊墙纸

壁纸功能分类

1.防霉抗菌墙纸：有效的防霉、抗菌、阻隔潮气，适用于医院、病房。

2.防火阻燃墙纸：用防火材质纺织而成，常用玻璃纤维或石棉纤维纺织而成。具有难燃、阻燃的特性，常用于机场或公共建筑。

3.吸音墙纸：具有吸音能力,适用于剧院音乐厅、会议中心、展览中心、歌厅 KTV 包厢；

4.抗静电墙纸：有效防止静电适用于机房，办公室等电子设备多的场所。

5.绝缘壁纸：硅酸盐结晶壁纸安雅而富有光泽感，有很好的电绝缘性，导电性弱，安全系数高，美观实用，是有小宝宝的家庭受用的产品。

6.荧光墙纸：能产生一种蓬壁生辉的特别效果，夜晚熄灯后可持续 4～5 分钟的荧光效果。

7.荧光壁纸：在印墨中加有荧光剂在夜间会发光，常用于娱乐空间。

8.夜光壁纸：使用吸光印墨，白天吸收光能，在夜间发光，常用于儿童房。

9.蓄光壁纸：利用活性碳原理，平时吸收灯光或者自然光，储存热量。到没有光源的情况下它会散热，散热过程就会发亮，营造一种浪漫的氛围。比如星空效果。

10.LED壁纸：新型材料的墙面应用，可以插电，使墙面配合纹样做空间氛围点缀。

壁纸标识说明

国家建筑材料测试中心 环保建材标志

ctc 中国建材认证 China Building Materials Certification

ISO9001-2000 质量管理体系认证

"蓝色天使"标志是全球历史最悠久、最著名的环保标志之一。

ctc 产品认证 中国建材认证 China Building Material Certification

墙纸质量认证体系 甲醛一项检测结果 欧标为≤ 0.1mg/kg 国标为≤ 120mg/kg

"CE"标志是一种安全认证标志，进入欧洲市场的强制性认证标志。

欧洲壁纸协会会员

材料可回收及循环利用的环保认证

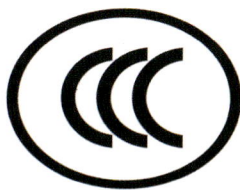

3c 认证

国家环保总局十环认证

欧盟 svhc 环保标准

美国绿色卫士 室内空气质量 金级认证

法国室内空气环境检测 A+级认证

通过欧美空气质量双重权威认证：美国绿色卫士室内空气质量金级认证和法国室内空气环境检测 A＋级认证。在乳胶漆施工后的 7 天、28 天测试室内挥发性有机化合物（VOC）、甲醛、苯系物等含量符合欧美权威空气质量标准，保证室内空气纯净健康。

国际标准：墙纸施工符号/墙纸性能符号/墙纸标识
内容全面　注解详尽　制作精细

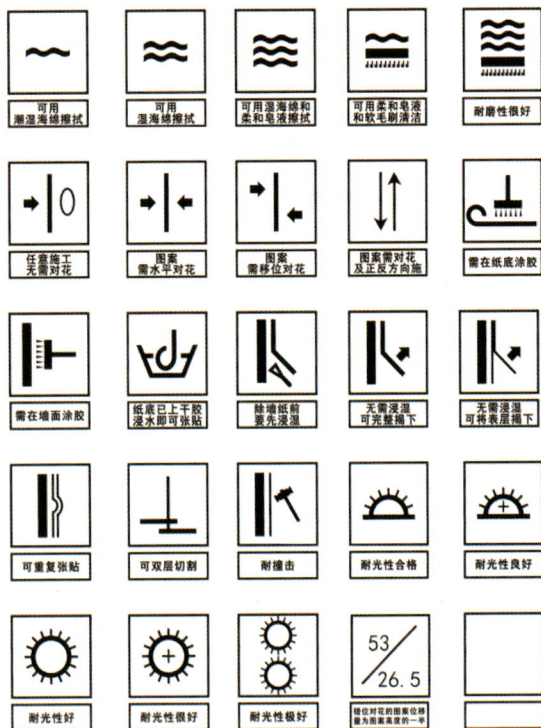

可用潮湿海绵擦拭	可用湿海绵擦拭	可用湿海绵和柔和皂液擦拭	可用柔和皂液和软毛刷清洁	耐磨性很好
任意施工无需对花	图案需水平对花	图案需移位对花	图案需对花及正反方向施工	需在纸底涂胶
需在墙面涂胶	纸底已上干胶浸水即可张贴	除墙纸前要先浸湿	无需浸湿可完整揭下	无需浸湿可将表层揭下
可重复张贴	可双层切割	耐撞击	耐光性合格	耐光性良好
耐光性好	耐光性很好	耐光性极好	错位对花的图案位移最大为图案高度的一半 53/26.5	

在环保、铺贴、使用的相关标识之下，我们选用室内空间装饰壁纸，如何为居住者做基础的壁纸使用引导呢？

以生活方式为切入点
以氛围营造为主题
以人为空间主导
以家具为空间主体

此处思考

不同的空间需求：空间大小、相互关系、风格、格调、色彩、造型、工艺处理……
不同的受众群体：气质、个性、喜好、习惯、特殊爱好、家庭成员、年龄关系、色彩心理……

色彩
纹样
材质
定位
针对不同室内条件，不同人员情况的优劣分析
软装搭配设计，是一个绝对个性定制的精神皈依！

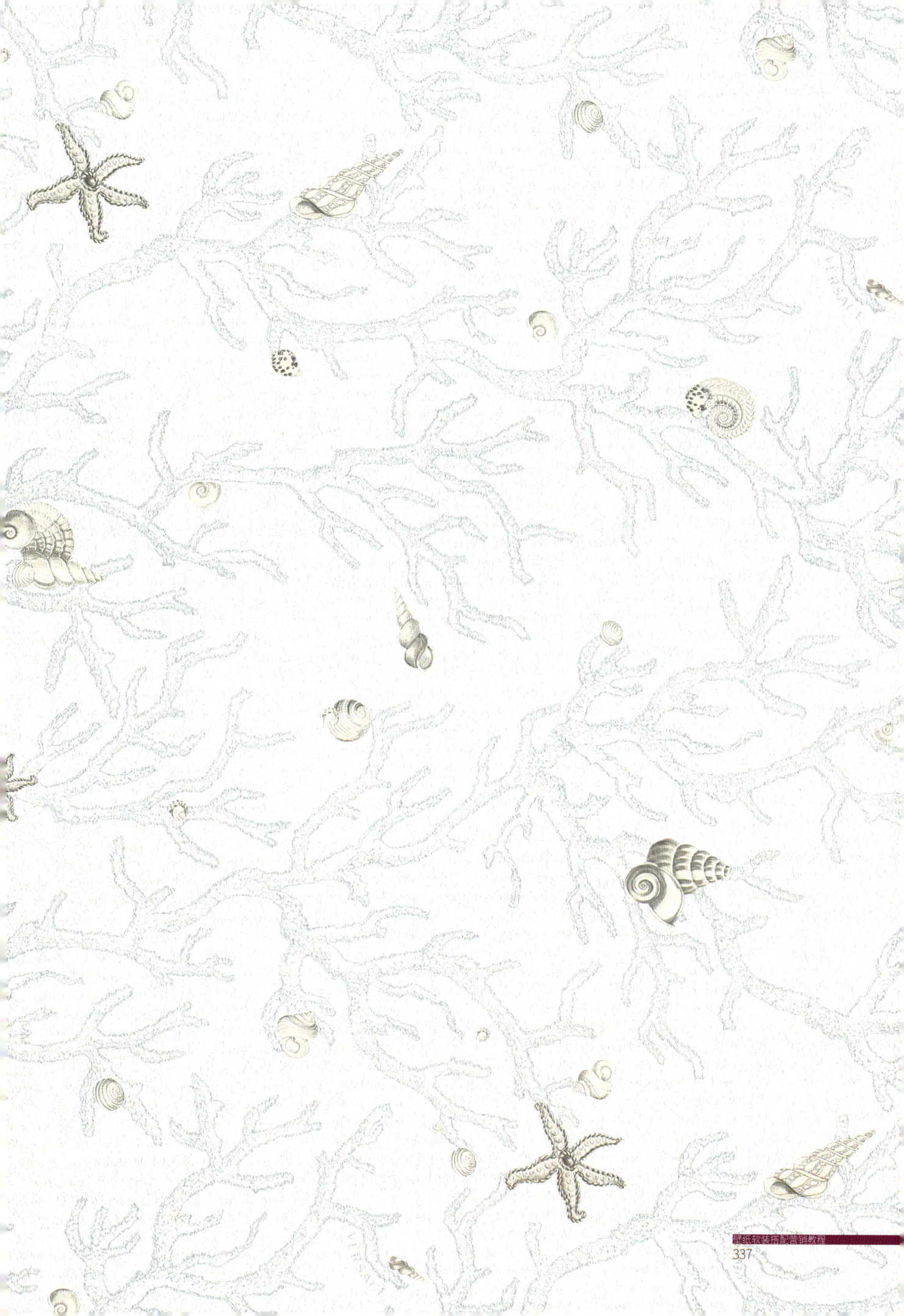

第四节 壁纸制作工艺

壁纸生产流程

原纸发送——涂布——干燥——冷却——印刷——版间干燥——软化——压花——冷却——裁边——积料——卷取——装箱入库

● 原纸发送
1. 横向浸水伸长率不大于 1.5%
2. 基重（克重），一般为 80 克～100 克（纸重 / 平方米）
3. 宽度约 56.5CM
4. 将原纸通过壁纸生产线机器的牵引，进入生产线。

● 糊料涂布
用涂布刀将糊料均匀涂在原纸表面。
安定剂可使胶化过程缓慢进行；降粘剂则来调整糊料粘度。

● 油墨
目前生产壁纸的油墨分为油性油墨和水性油墨。

● 干燥冷却
干燥即是利用瓦斯加热器，通过热风循环系统对原纸表面涂层进行干燥（胶化），通过若干个冷却轮以循环冷冻水对较热的半成品进行冷却硬化。

● 印刷

使用印刷轮及循环油墨，不同的图案采用不同的印刷轮，在面料表面印上所需壁纸图案。国内一般为6版印刷，德国艾仕壁纸为8版印刷。

色差、滴油（污渍）、拉线、机器压痕

● 版间干燥

在每版印刷之间，通过热风循环对每一次印刷后的图案进行干燥，防止前后版油墨混淆。（无纺布采用湿印工艺，不需版间干燥）

● 软化

在压花之前对较硬的半成品表面进行加热使其软化，为压花工艺做准备。

● 压花

在半成品表面软化的基础上，利用压花轮压迫半成品表面，产生相应的压纹效果。压花分为对花和不对花两种。

错版、机器压痕

● 冷却

通过风冷系统或者用冷却轮循环冷冻水的方法对半成品进行冷却硬化。

● 裁边

通过裁边刀将壁纸裁为固定的宽度规格。

蛇形边、毛边

● 积料

利用较长的平台对壁纸起一个减缓走速的作用，便于卷取。

● 卷取

利用卷取机按照固定的长度规格将成品卷成单卷产品。

● 装箱入库

壁纸工艺详解

凹版印刷工艺

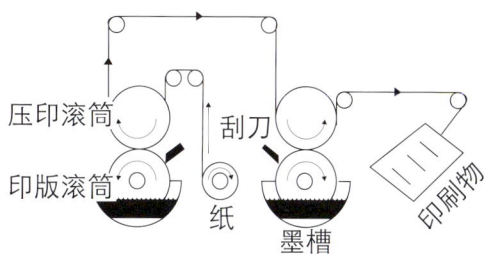

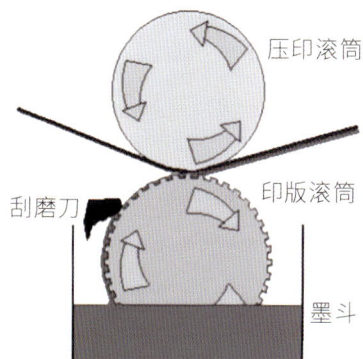

凹版印刷作为印刷工艺的一种，以其印制品墨层厚实，颜色鲜艳、饱和度高、印版耐印率高、印品质量稳定、印刷速度快等优点在印刷包装及图文出版领域内占据极其重要的地位。凹版印刷简称凹印，是四大印刷方式其中的一种印刷方式。凹版印刷是一种直接的印刷方法，它将凹版凹坑中所含的油墨直接压印到承印物上，所印画面的浓淡层次是由凹坑的大小及深浅决定的，如果凹坑较深，则含的油墨较多，压印后承印物上留下的墨层就较厚；相反如果凹坑较浅，则含的油墨量就较少，压印后承印物上留下的墨层就较薄。

从应用情况来看，在国外，凹印主要用于杂志、产品目录等精细出版物，包装印刷和钞票、邮票等有价证券的印刷，而且也应用于装饰材料等特殊领域；在国内，凹印则主要用于软包装印刷，随着国内凹印技术的发展，也已经在纸张包装、木纹装饰、皮革材料、药品包装上得到广泛应用。

凹版印刷其主要特点有：印前制版技术复杂、周期长，凹版印刷的用墨量大，图文具有凸感，且层次丰富，线条清晰，质量高。

1. 优点：油墨表现力约90%，色调丰富。颜色再现力强。版面耐度强。印刷数量宏大。应用之纸张范围广泛，纸张以外之材料亦可印刷。

2. 劣点：制版费昂贵，印刷费亦贵，制版工作较为复杂，少数量印件不适合。

凹版印刷应用范围

雕刻凹版印刷，因为其线条精美，且不易假冒，故均被利用在印制有价证券方面，如钞票、股票、礼券、邮票以及商业性信誉之凭证或文具等等。一般均被利用在大数量的印刷物，如彩色杂志及目前所流行的建材印刷等等，都极为合适。

凸版印刷工艺

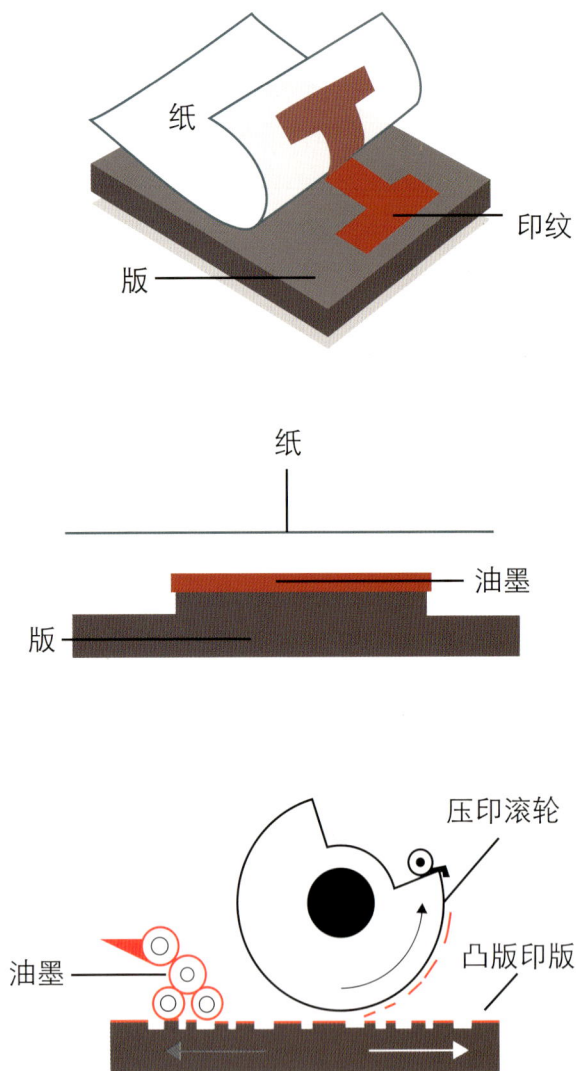

纸
印纹
版

纸
油墨
版

压印滚轮
油墨
凸版印版

凸版印刷 (Lntaglio Printing)。使用凸版 (图文部分凸起的印版) 进行的印刷。简称凸印。是主要印刷工艺之一。历史最久，在长期发展过程中不断得到改进。雕版印刷中国唐代初年发明了雕版印刷技术，是把文字或图像雕刻在木板上，剔除非图文部分使图文凸出，然后涂墨，覆纸刷印，这是最原始的凸印方法。

凸版印刷的原理比较简单。在凸版印刷中，印刷机的给墨装置先使油墨分配均匀，然后通过墨辊将油墨转移到印版上，由于凸版上的图文部分远高于印版上的非图文部分，因此，墨辊上的油墨只能转移到印版的图文部分，而非图文部分则没有油墨。

凡是印刷品的纸背有轻微印痕凸起，线条或网点边缘部分整齐，并且印墨在中心部分显得浅淡的，则是凸版印刷品。凸起的印纹边缘受压较重，因而有轻微的印痕凸起。

优点：油墨表现力约 90%，色调丰富，颜色再现力，版面耐度强。印刷数量宏大，应用之纸张范围广泛，纸张以外之材料亦可印刷。

劣点：制版费昂贵，印刷费亦贵，制版工作较为复杂，少数量印件不适合。

凸版的应用

应付小型及印量不多的印刷品，如贺卡、信封、名片、喜帖、版画及民国初年的报纸等，常兼具有加印裁撕线、摺线、编码、烫金、打凸模等。

柔版印刷工艺

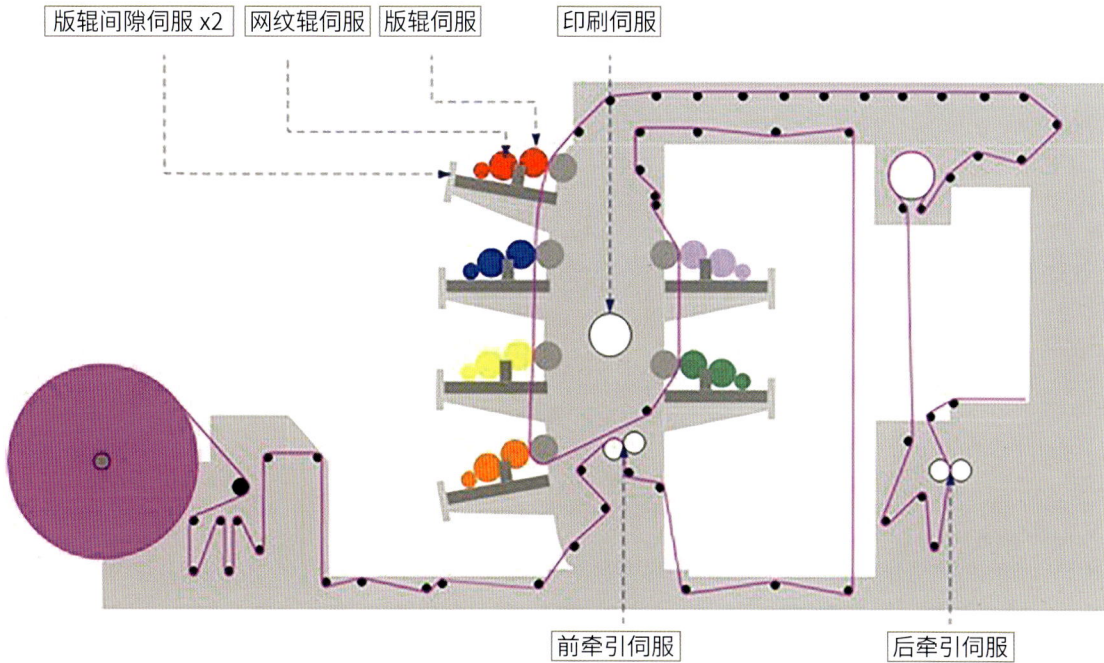

版辊间隙伺服 x2　网纹辊伺服　版辊伺服　　印刷伺服

前牵引伺服　　　　后牵引伺服

柔版印刷、胶版印刷、凹版印刷和丝网印刷是世界上最普遍的四大印刷方式，它们各具特色，各有千秋。在欧美等印刷工业发达的国家中，柔版印刷发展很快，包装印刷已从以凹印和胶印为主变为以柔版印刷为主，约 70% 的包装材料使用柔版印刷。

在我国，随着商品经济的发展和人们生活水平的不断提高，包装印刷工业也正向着高档、精细、多品种方向发展。

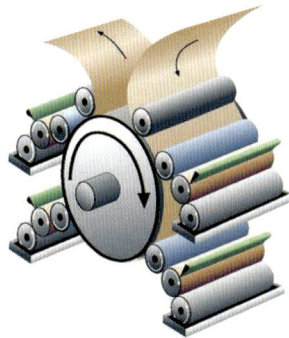

与凹印、胶印以及传统的凸印相比较，柔性版印刷方式具有自己鲜明的特点：

1. 折叠成本。
2. 折叠设备简单。
3. 设备结构比较简单因此操作起来也比较简单、方便。
4. 折叠效率高：柔性版印刷采用的是卷筒材料，不仅能够实现承印材料的双面印刷，同时还能够完成联线上光（或者覆膜）、烫金、模切、排废、收卷等工作。大大缩短了生产周期，节省了人力、物力和财力，降低了生产成本，提高了经济效益。
5. 折叠范围广泛：承印材料范围比较广泛，例如纸张、塑

料薄膜、铝箔、不干胶纸等等。

6. 折叠质量好：印刷品质量好，印刷精度可达到 150 线 / 英寸，并且印刷品层次丰富、色彩鲜明，视觉效果好，特别适合包装印刷的要求。

7. 折叠环保：采用新型的水性油墨和溶剂型油墨，无毒、无污染，完全符合绿色环保的要求，也能满足食品包装的要求。

8. 折叠效益好：柔版印刷机采用卷筒型材料，可以跟很多印后设备联机使用，大大缩短了周期。柔版印刷费用仅为凹印的 10% ～ 20%，耗墨量比凹印少 1/3，节电 40%，废品率仅为 1% ～ 2%，低于凹印和胶印，从而降低了生产成本。

圆网印刷工艺

优点：对花、加浆等操作方便，劳动强度低，产量高，套色数限制小。缺点：不易印制出云纹、精细的线条和精细的图案；印花灵活性大，设备投资较少，适合小批量多品种的生产，套色数不受限制。劳动强度较大，印后得色较浓。

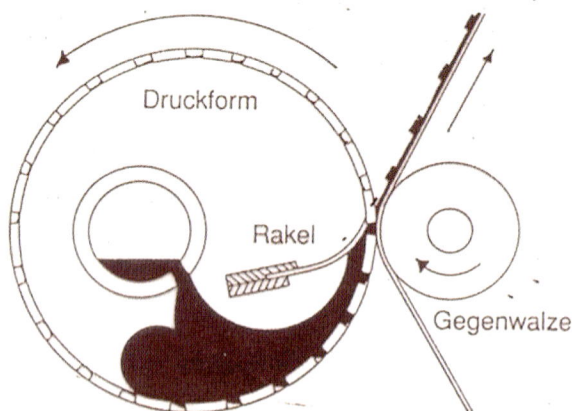

圆网印刷的特点是上浆量大，它将不同颜色和配方的 PVC 浆料印到纸基上以后，再经过烘箱发泡，使得这些浆料发泡成高低不一、立体感强、手感柔软的产品。

圆网印花是在无接缝圆筒形镍网上，圆网印花通过感光水洗工艺将封闭其花纹以外的网孔，色浆透过网孔沾印到织物上的一种印花方法。圆网印花这种方法始于 20 世纪 60 年代，发展迅速，已成为较为普及的印花方法。圆网印花的特点是刮刀固定在圆筒形的镍网内，利用圆网连续转动，与刮刀发生刮磨使色浆印到织物上进行印花。它既保持了筛网印花的风格，又提高了印花的生产效率。圆网印花机一般可印制 6～20 种颜色，除卧式排列外，还有立式、放射式以及双面印花等。

用圆网印花机印花有以下优点：镍网轻巧、装卸圆网、对花、加浆等操作方便，劳动强度低，产量高，寺色数限制小。由于加工是在无张力下进行的，故适宜印制易变形的织物和宽幅织物，无需衬布。

决定印花精度的同步是圆网与导带间的速度同步和圆网与圆网间的位置同步，印花工艺要求圆网印花机的多个印花圆网跟随印花导带运动，并且必须在连续、高速、长时间的生产过程中保持高精度的同步运行。这里的多轴同步运动实际上是圆网对印花导带速度、位置的同步跟踪和各圆网之间高精度的位置同步。当圆网对印花导带速度、位置的同步跟踪精度足够高时，可以认为各圆网之间位置实现了同步。

平版印刷工艺

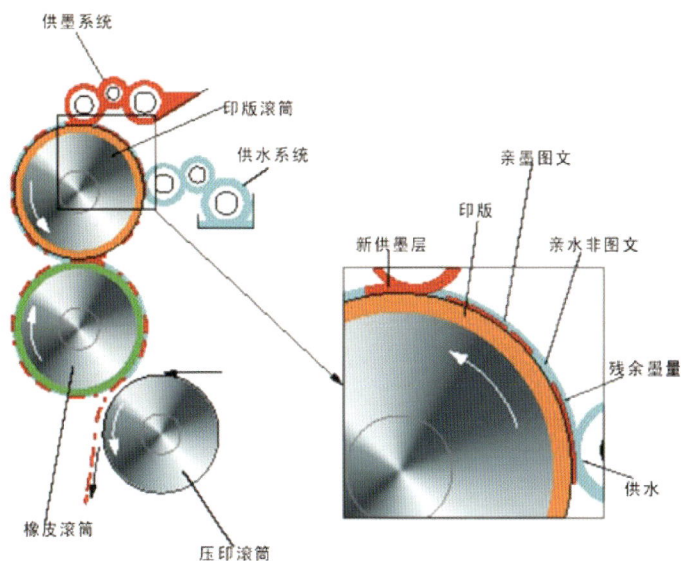

供墨系统
印版滚筒
供水系统
新供墨层
印版
亲墨图文
亲水非图文
残余墨量
供水
橡皮滚筒
压印滚筒

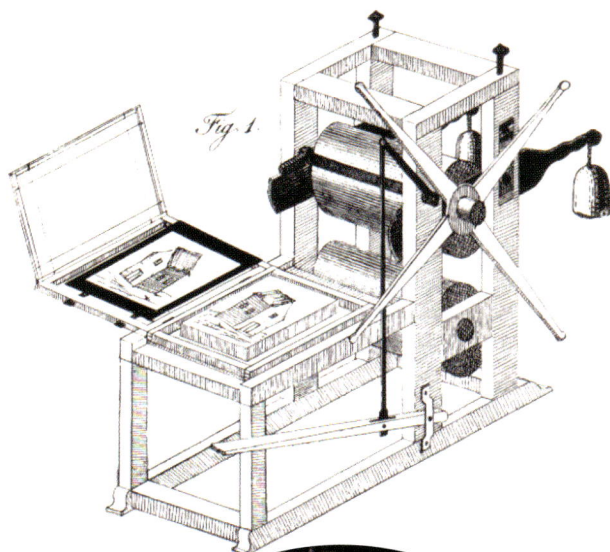

Fig.1

平版印刷术的原型是在石版上印刷，这种印刷方法是由德国人逊纳菲尔德（1771～1834年）在1798年发明的，它大约晚于凸版印刷术一千年，凹版印刷术二百年。年青时代的逊纳菲尔德受父亲的形象影响，热衷于戏剧、诗歌的创作。他想把自己的作品自己印出出版，但是活字雕版、木刻凸版制版较麻烦，铜凹版费用很高，所以就开始使用多脑河的支流上叫索隆的地方出产的纯石灰石刻版（雕刻石版）。

平版印刷是由早期石版印刷而发展命名的，早期石版印刷其版材使用石块磨平后应用，之后改良为金属锌版或铝版为版材，但其原理是不变的。

凡是印刷部份与非印刷部分均没有高低之差别，亦即是平面的，利用水油不相混合原理使印纹部分保持一层富有油脂的油膜，而非印纹部分上的版面则可以吸收适当的水分，设想在版面上油墨之后，印纹部分便排斥水分而吸收了油墨，而非印纹部分则吸收水分而形成抗墨作用，利用此种方法印刷的方法，就称为"平版印刷"。

平版印刷因其制版及印刷有其独特的个性，同时在工作上亦极为简单，且成本低廉，故在近代被专家们不断的研究与改进，而成为现今印刷上使用最多的方法。

1. 优点：制版工作简便，成本低廉。套色装版准确，印刷版复制容易，印刷物柔和软调，可以承印大数量印刷。

2. 缺点：因印刷时水胶之影响，色调再现力减低，鲜艳度缺乏。版面油墨稀薄（只能表现70%能力，所以柯式印的灯箱海报必须经过双面印刷才可以加强其色泽）。特殊印刷应用有限。

平版的浓淡层次，是用网点百分比来表现的，网点百分比过大，印版深，否则，印版浅。过深、过浅的印版需要修正或重新晒版。

应用范围

海报、简价、说明书、报纸、包装、书籍、杂志、月历、其他有关彩色印刷及大数量之印刷物。

胶版印刷工艺

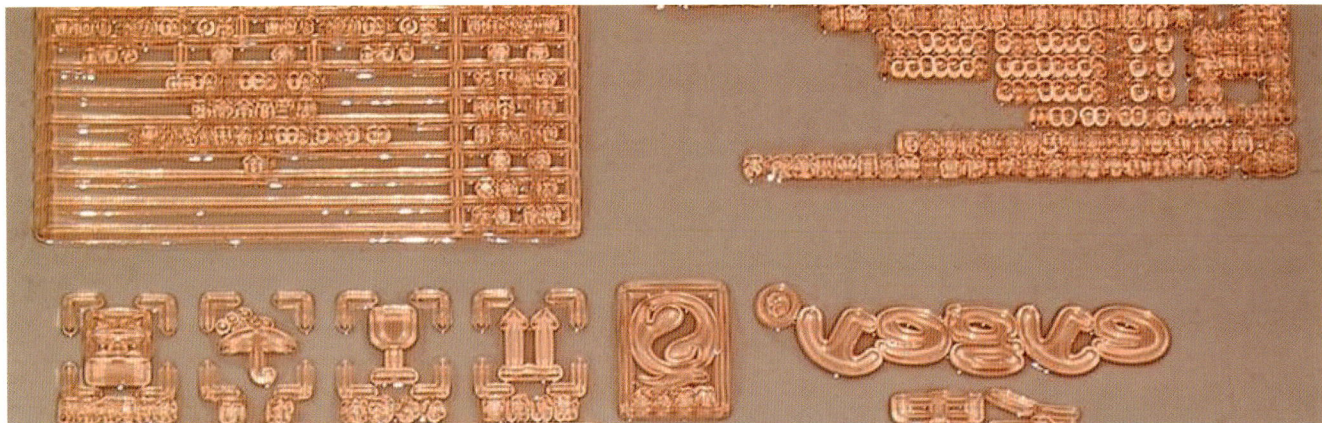

传墨分割辊 示意图

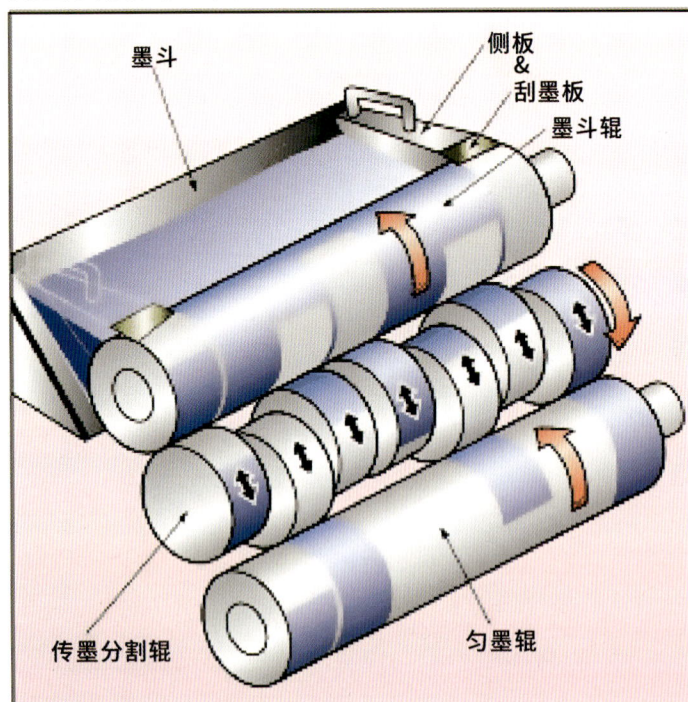

"胶版印刷"和"平版印刷"是一个意思。又称柯式（Offset）印刷，是平版印刷的一种，能以高精度清晰地还原原稿的色彩、反差及层次，是目前最普遍的纸张印刷方法。适用于海报、简介、说明书、报纸、包装、书籍、杂志、月历及其他有关彩色印刷品。这种印刷方法是通过滚筒式胶质印模把沾在胶面上的油墨转印到纸面上。由于胶面是平的，没有凹下的花纹，所以印出的纸面上的图案和花纹也是平的，没有立体感，防伪性较差。胶版印刷所需的油墨较少，模具的制造成本也比凹版低。

区分"凹版"和"胶版"，看其花纹的颜色和立体感就能判断。如果拿这两种钞票来对比，区别十分明显，很容易判断。另外对于初学者，还可以采用下面2种方法：第一种是"摸"。凹版人民币正面的"中国人民银行"六个字，凸出的感觉十分明显，只要用手指从左至右轻轻摸一下，就能清楚的感觉到每个字都是凸起的。第二种是"看边缘"。凹版印刷的文字和图案，线条边缘会有油墨扩散造成的细小"毛刺"，用放大镜可以看的很清楚。而胶版印刷的线条边缘是光滑的。

我们除了传统的印刷方式了解之外，还需要留意更多的新型工艺技术：雕印、烫印、激光雕刻、套印、印花、烂花、压花等等。

在我们了解壁纸工艺的同时，也可以举一反三在空间其他的物料上，家具的工艺细节，是否根据不同的风格定位要求不同工艺细节；布艺的工艺细节和亮点工艺呈现，是否因为不同的格调和花型的表达而应用了不同的工艺；甚至墙面挂画的不同绘画或者印刷表达技法。

第五节 壁纸施工与铺贴

●壁纸的规格

　　1. 幅宽 530～600mm，长 10～12m，每卷为 5～6m² 的窄幅小卷。

　　2. 幅宽 760～900mm，长 25～50m，每卷为 20～45m² 的中幅中卷。

　　3. 幅宽 920～1200mm，长 50m，每卷 46～90m² 的宽幅大卷。小卷壁纸是生产最多的一种规格，它施工方便，选购数量和花色灵活，比较适合民用，一般用户可自行粘贴。中卷、大卷粘贴工效高，接缝少，适合公共建筑，由专业人员粘贴。

●裱糊类墙面的构造

　　墙体上用水泥石灰浆打底，使墙面平整。干燥后满刮腻子，并用砂纸磨平，然后用 107 胶或其它胶粘剂粘贴墙纸。

●壁纸的施工工艺

　　1. 清扫基层，填补缝隙

　　石膏板面接缝处需贴接缝带、补腻子。

　　2. 刮腻子磨平

　　在基层处理时，必须清理干净、平整、光滑。

　　3. 涂刷防潮剂基膜

　　防潮、固化涂料应涂刷均匀，不宜太厚。

　　4. 裁纸、涂胶

　　可用水平仪在墙面上标明壁纸的幅面宽度。用上胶机在壁纸背面涂胶，这样比人工涂胶要均匀，同时用滚刷直接在墙面上涂胶。

　　5. 上墙裱糊、拼缝、搭接

　　将壁纸贴在墙面上，边缘对齐，用橡胶滚将墙面擀平，赶压胶粘剂气泡。

　　6. 修整

　　用壁纸刀将天花、墙裙和窗户等处多余的壁纸裁掉，并擦净胶水。

施工方法及种类

●纸底上胶工艺流程

检查墙面	检查需要施工的墙面是否符合施工要求
剪裁壁纸	测量室内层高，壁纸花距，剪裁好每一幅壁纸，用铅笔做好记号
底纸上胶	将按照比例调好的胶水依次按照裁纸的顺序在底纸上涂抹均匀
放置待用	上好胶的壁纸依次摆放，根据壁纸不同材质静置合理的时间待用
壁纸上墙	将静置好的壁纸依次上墙张贴

●墙面上胶工艺流程

检查墙面	检查需要施工的墙面是否符合施工要求
剪裁壁纸	测量室内层高，壁纸花距，剪裁好每一幅壁纸，用铅笔做好记号
墙面上胶	将按照比例调好的胶水在要施工的墙面涂抹均匀，各墙面边角顶面等需要用小毛刷补充胶水
壁纸上墙	将剪裁好的壁纸依次上墙张贴

●纸底上胶工艺流程

检查墙面	检查需要施工的墙面是否符合施工要求
剪裁壁纸	测量室内层高，壁纸花距，剪裁好每一幅壁纸，用铅笔做好记号
纸底抹水	用毛巾（海绵）将清水均匀涂抹在壁纸背面，待用
墙面上胶	将按照比例调好的胶水在要施工的墙面涂抹均匀，各墙面边角顶面等需要用小毛刷补充胶水
壁纸上墙	将剪裁好的壁纸依次上墙张贴

各施工方法优劣及技术要点

施工方法	优点	缺点	技术要点
纸底上胶	1. 高效 2. 吸水充分	1. 脏 2. 伸展率不易控制	胶水浓度略稠，壁纸四周胶水一定要足够
墙面上胶	1. 干净 2. 伸展率可控	1. 效率低 2. 吸水不够	胶水浓度略薄，整体各边角涂抹匀称
纸底抹水，墙面上胶	1. 干净 2. 吸水充分 3. 伸展率可控	效率极其低下	胶水浓度适中，抹水均匀

1、准备工具

直尺、美工刀、剪刀、卷尺、水桶、铅笔、海绵、毛刷、刮板、抹布、准心锤

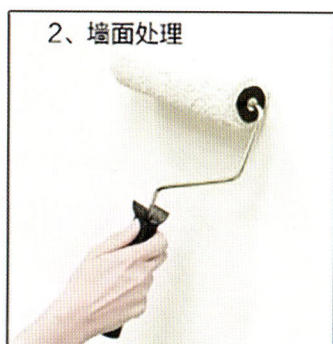

2、墙面处理

平整墙面，确保墙面符合施工要求，涂刷基膜，准备裁剪墙纸。

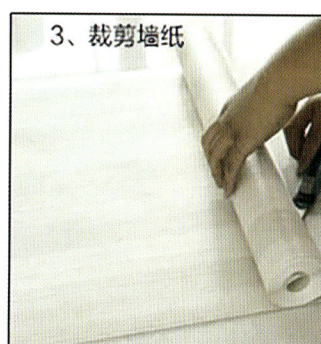

3、裁剪墙纸

检查墙纸的型号、批次，是否有瑕疵，以墙壁的高度为准上下各预留10公分。

4、墙纸刷胶

按照比例将调好的的糯米胶，无纺布壁纸只要用滚筒刷在墙上面即可。

5、张贴墙纸

按照垂直线张贴墙纸，用刮板刷刮平墙纸注意对好花型，素色壁纸需正反施工。

6、开关盒的处理

在贴开关盒的位置用刀轻划一个叉，用刮板刮平四周，裁割多余的部分。

【注意事项】贴好壁纸必须关好门窗，夏季保持 24 ～ 36 小时，冬季保持 48 ～ 60 小时，让墙纸胶阴干，这样牢度会更持久，不会翘、起鼓。

壁纸图片提供：德国艾仕壁纸